風俗博物館所蔵

日本服飾史 女性編

RY of COSTUME in JAPAN—WOMEN'S GARMENTS—

井筒雅風

HISTORY of COSTUME in JAPAN
– WOMEN'S GARMENTS–

First Edition April 2015
Fourth Edition May 2018
By Mitsumura Suiko Shoin Co., Ltd.
217-2 Hashiura-cho Horikawa Sanjo
Nakagyo-ku, Kyoto 604-8257 Japan

Author: IZUTSU Gafu
Publisher: GODA Yusaku
Printer: New Color Photographic Printing Co., Ltd.

Editor: OCHI Satomi
HYOGO Mikiko
KITAKUBO Aiko
Designer: TSUJI Eriko (New Color Photographic Printing Co., Ltd.)
Program Director: YAMAMOTO Takahiro (New Color Photographic Printing Co., Ltd.)
Director: ASANO Yasuhiro (Mitsumura Suiko Shoin Co., Ltd.)

序

服飾の歴史を語ることは、いかなる意味を持つのか、何故人は服飾の歴史を学ぶのか、服飾とは一体何か、この基本に立って考えることも意義あると思われる。

人は己の意志なくして生を与えられ、欲することなく死んでいく。その間、生をいかに全うするかということこそ、人々の願いではなかろうか。全うすることは、自己の存在意義を明確にすることである。

人類の文化は、この自己をいかに表現するかという命題の下に進歩してきたといえる。生命を保持する食や住は勿論のこと、心の奥深くの形而上の理念追求も、集団を組み体制を整えることも、妙なる音や美しい姿、馨ぐわしい匂いを求めることもそうであるが、寒暖の気候、風雨、日照、虫害から身を守る衣を案出し、己を表現しようとした行為こそ、まさに人類の叡知であろう。

人は行動するものである。食は生存のため、住は本来憩いの場であり固定されているが、動く人間と共にあるものは身にまとう衣であり、身を飾る装いしかない。最も己を表現しうる衣を手段にして装うことこそ人類の願いであり喜びと云えるであろう。

人類の文化は願いを立て、喜びを求めることによって限りない発展をして来たが、その発展を個々の生活の姿として考えられるものはすべての人々がまとい、よそほって来た服飾の他にはない。

服飾を通じて見る姿が人間の文化であり、人間そのものの生活である。人種が異なってもお互いに通ずる所があり、年代を異にしても、その心を推しはかることが出来る。

宗教の尊厳も、集団統治の権威も富も、美もすべて服飾を通じて確認されることになる。

人は人によってその血統が流れている。今日の自己の存在に祖先を否定することは、なに人にも出来ない。

祖先の心を知り、生きて来た姿を知ることが自己の姿を知ることであり、文化を進め、自らの生を全うする所以ではなかろうか。

服飾史研究の必然性を改めて見つめたい。

本書では日本に於ける姿を紹介することにしたが、世界史的に見ると日本の文化の発達は、はるかに遅れて開花したと云える。即ち、日本の弥生式文化の時代には、既に隣国の中国では秦の始皇帝の統一から漢の成立の時代であり偉大な文化を樹立している。近年発掘された秦の始皇帝陪塚を見ても驚くばかりである。

インドでは釈尊以来アショーカ王、カニシカ王と大文化が築かれ、ヨーロッパではアレクサンドル大王からローマの帝政へと進展している。

従って日本の服飾史は外国からの文化の流入によって眼を開かれることになる。しかしその間、平安時代には独自の創案による開発を見、日本国内に於ける戦乱は武門の発展となって豪華な武装を生んでいる。又、その間隙を縫う一般民衆の力の増大は、小袖という今日の「きもの」の基盤を作り上げたと云える。欧州文明の影響をうけた16世紀より、江戸時代の鎖国と今日の伝統的な日本文化を形成して行ったが再び19世紀に泰西文化の波をうけ、ついに1945年の太平洋戦争の敗戦へと至った。日本の歴史の上で最長の御在位であらせられた昭和天皇の御代も昭和64年で終わり、新しい平成の世となった。この間のそれぞれの時代の象徴的な服飾を取り上げ、時代の特異性を求めて、各時代における生活文化としての観点に立って叙述した。

一見、服飾というとあたかも女性の問題と考えられやすいが、よく考えるとそれは女性ではなくむしろ男性のものである。大きな歴史の流れが男性を表面に出している以上当然の事であり、男性の眼が又女性の服飾を変化させたとも云える。

本書は私の設立した財団法人宗教文化研究所の所轄の風俗博物館所蔵の等身大人形に着装させた服飾を以って述べたものである。

財団法人宗教文化研究所は私の家業である宗教用の法衣、装束の製作販売に於ける学問的研究機関として昭和26年7月1日設立されたもので、宗教の形而下的服飾、祭祀儀礼、音楽絵画等を研究対象としていたが、その服飾については古代以来の歴史的研究を進展させ、併せて一般に発表を企画し、昭和33年京都市美術館に於いて65体を発表したものを母体として風俗博物館を設立、昭和49年4月25日開館、同年5月6日京都府教育委員会より博物館法による博物館として認可され、爾来年2回、展示替えを行い、第16回の展示を境として、そのなかから一応代表的と思われるもの134体を選びカラー図版273図とし、挿絵、解説、総論、索引などを加えて昭和57年7月初版を発行した。これも版を重ねること三度、多くの方々の御覧に供することが出来たが数年で皆無の状態となった。その後再版の御要望を受けながら更により充実したものをと考え検討を重ねつつ今日に至った。本年で風俗博物館も第31回の展観を迎え、毎回研究成果を発表しその体数も増加して来たのであった。その間カラースライド「服飾の流れ」として又、「日本女性服飾史」として一部を世に問うたのであったが、ここに構想を新たにし一部の参考品を加え180項目カラー図版391図の大増補改定本として世に出させて頂くこととなった。

従って本書は当風俗博物館の最新の図録と云える。

誇るところはカラー図版・挿絵については悉く本館の考証所蔵になるものであり、更に加えるにこの改定本は新しい撮影にもとづくものであり、カラー技術も一段の進展を見たものとなった。

風俗博物館設立に際して名誉館長として御指導をいただいた江馬務先生も御協力を賜った近世風俗に精通された吉川観方先生、武具甲冑のすぐれた研究家であった山田紫光先生等すべて故人となられ、今一層の責任を痛感している。

本図録の等身大人形はなるべくその時代の姿を示す為、特別な容貌を検討し、人形製作の原図や指導及び本図版の挿絵は主として当館美術室長の稲垣孫一郎が担当し、また、多くの方々の助力を得た事をここに感謝する。

本書について技術的或いは経済的に復原の限界があった点はお許し頂きたい。

研究の基礎を与えられた多くの先学諸賢、恩師、先輩、畏友各位の学恩に感佩し、茲に厚く御礼を申し上げる。

平成元年仲秋

風俗博物館館長
井筒雅風

目次 *Contents*

小袖の完成 江戸 155

服制の成立

縄文・弥生・古墳・飛鳥・奈良

中国の資料に基づいて、弥生時代の倭の男子を想定したのは初めての試みである。埴輪や発掘資料から古墳時代の人々を再現し、推古朝の朝服や高松塚の発見により解明された天武朝朝服も収録。

また養老の衣服令による文官礼服は明らかに中国漢代の流れを伝え、唐代の俤をそのままに残す朝服、伎楽の呉女、鑑真和上も紹介。それに綿襖冑の復原も貴重な資料である。

A woman in pelt-clothes with loin straw.

腰蓑をつけ、獣皮をかけた婦人

縄文時代

日本の先史時代の石器時代は紀元前三世紀頃まで続くが、狩猟や漁労を主としたこの時代には縄文土器の使用が見られた。大陸の文化から孤立し、其の範囲は北海道から沖縄迄及んでいた。貝塚土器や土偶でその生活の一端をしのぶことが出来る。

数十年前まで石器時代そのままの生活をしていたといわれるオーストラリアのアボリジニという民族が裸身であったのに対して、日本の土偶には下半身の腰を覆うものや上半身の衣

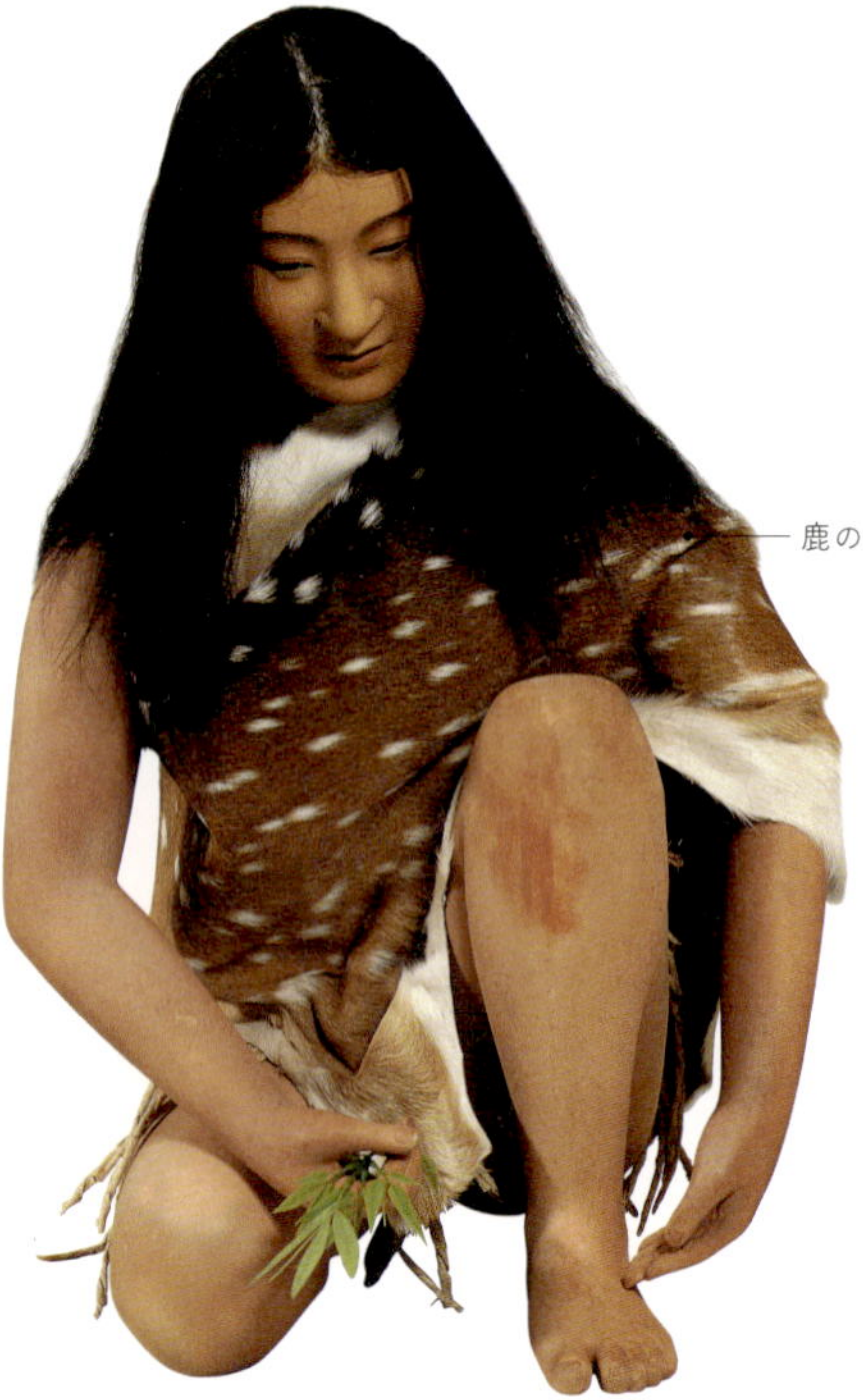

や顔面の覆いさえも窺われる。編物として細い繊維を編んだ布が土器の圧痕で推定され、後期には織物の実物も発見されたという。樹皮をうちくだいたタパのような繊維製品もあったのかも知れないし、魚皮、獣皮も用いられた事もあろう。

　ここでは鹿の夏毛の皮を上半身の衣とし、繊維を撚って紐状としたものを連ねて下半身を覆う腰蓑とした姿を想定してみた。

（参考　愛媛県上浮穴郡久万高原町上黒岩岩陰遺跡出土の線刻の女神像に腰紐と腰蓑が見られる。）

繊維を撚って紐状とした腰蓑《こしみの》

貫頭衣の倭の婦人

弥生時代

Woman of Wa, ancient State in Japan in *kantō-i* (a square cloth with openings for head).

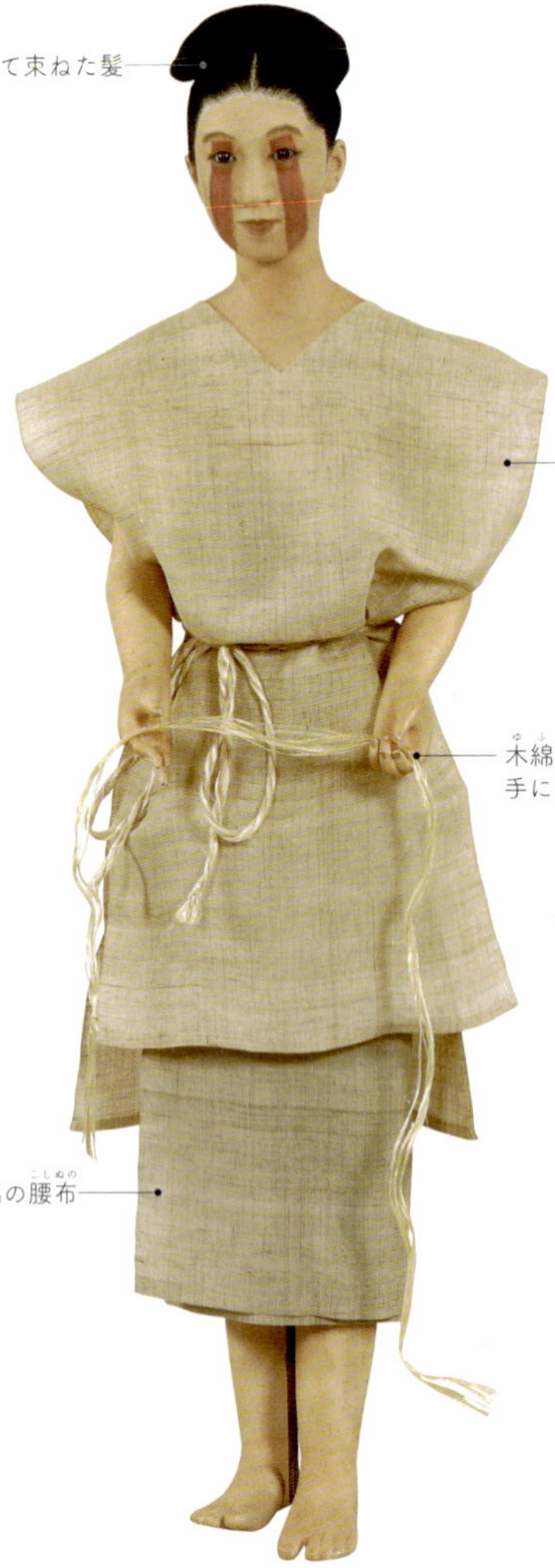

日本の古代国家の風俗が魏志倭人伝等に記されている。その地域については尚不分明な点も多いが、古事記・日本書紀の説話にあるものより古い姿と思われる。ここに魏志倭人伝中の「婦人被髪屈紒、作レ衣如二単被一、穿二其中央一、貫レ頭衣レ之」を表現してみた。即ち上衣として貫頭衣をまとい、腰にはやはり横幅の布をまとっていたであろう。民衆の姿である。

女王卑弥呼（古代巫女）

弥生時代

A costume of Queen "Himiko" for a "Shinto" priestess in ancient Japan (about 3rd century).

古事記や日本書紀よりも古い文献として、日本について記されているものが、俗にいう魏志倭人伝で、これは三国志の一つである「魏書」の東夷伝倭人の条で、晋の陳寿が三世紀に著わしたものである。

倭は日本をさすと思われ、この中に邪馬台国があり、倭の女王卑弥呼が統治し、魏と国交があったことが記されている。女王卑弥呼は神功皇后や倭姫命ではないか等諸説がある。

服装については一般的な表現があるだけで、このような高貴な方については触れていない。

しかし中国との文物の交流を考え、志賀嶋の金印や他地区の金銅の宝冠、沓、其の他の発掘品を思うと、ここに示したような姿とも思われる。

髪は結《ゆ》い上げ額に天冠をつけ、上衣は飛鳥時代のいわゆる太子間道のような赤地の縞織物の漢風の大袖で絁《あしぎぬ》の小袖にかさね倭文布の帯を結び、羅の菱文の裳をまとい、更には古式を残す麻地に丹土による文様のある貫頭衣を着、その上に丹土鱗文の襷を掛け、玉と金銅の鈴のある頸玉、金銅の耳環、革沓にもその上に金銅の覆いをつけた。

弥生文化の時代とは雖も女王卑弥呼の装いはこのようなものではなかったかと考証する。

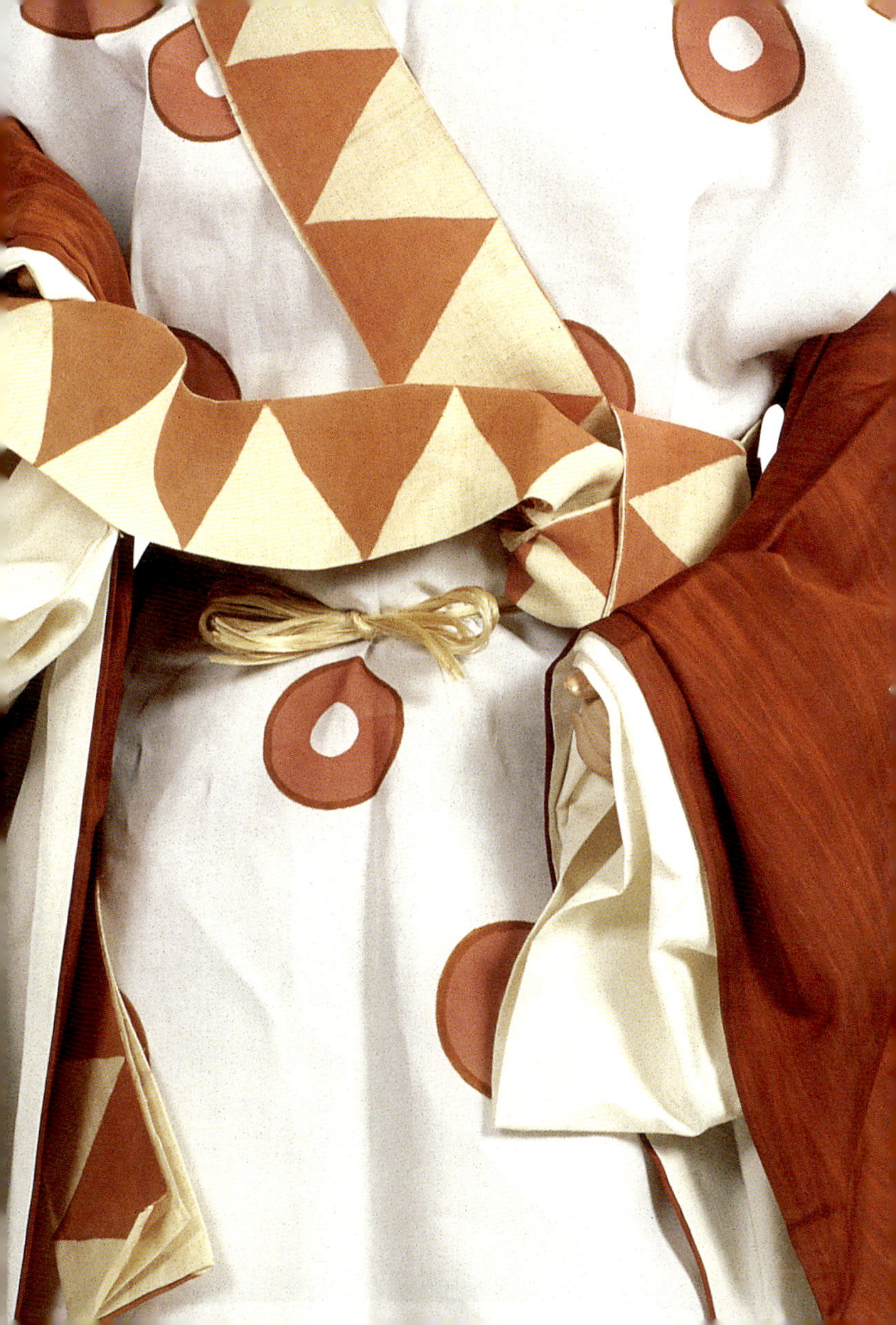

衣、裳の婦人

古墳時代

Woman dancer in *kinu* (jacket), *mo* (pleated skirt). Tied a *shizuri* sash at the waist long stole, *hire*.

日本建国の神話になぞらえた天宇受売命《あめのうずめ》の舞姿で、垂髪に真拆《まさき》を鬘《かつら》とし日陰《ひかげ》を襷《たすき》として小竹葉《おざさば》を手にしている。

衣《きぬ》、裳《も》、倭文布《しずり》の帯、肩から領巾《ひれ》(比礼)をかけている。この領巾(比礼)は横長の布を体にまとって衣服としたころの名残りである。

現在韓国の巫女の舞に同じように小竹葉を手にした姿がある。非常によく似た感じがする。

たすきを掛ける古代の巫女

Priestess in two-piece costume with *tasuki* sash.

古墳時代

古事記や日本書紀の内容と遺物の埴輪の対照によって、当時の服装がしのばれる。
これは縞文様の裳の上に上衣を左まえに着て、二組の上下の紐で結び合わせ、三角文様の幅の広い「たすき」をかけた姿で顔には赫土(赤土)と思われる特異な化粧をしている。この「たすき」は、より古い時代の横幅の衣の名残りと思え、神に仕える巫女ではなかろうか。現在も巾明衣といわれる「たすき」が、伊勢神宮等の古式を残す神事に用いられているのも、その伝承を示すものであろう。

推古朝女官朝服

飛鳥時代

Court lady in regular court dress of the Suiko era (592-628).

婦人については隋書倭国伝に次の記述がある。

「婦人束二髪於後一、亦衣二裙襦裳一、皆有二襈攕一、竹為レ梳」、これと天寿国繍帳の図より推定すると、ほぼ男装と同じであるが、袴にかえて、ひだのある裙(褶)

と裳を着け、女装には冠はなく垂髪を束ねている。

赤色の有襴の袍とし、縁は萠黄の錦、長紐は白絹、下襲は白、褶裳は黄、裳は濃黄とした。

天武・持統朝女官朝服

飛鳥時代

Court lady in regular court dress of the Tenmu, Jitō era (673-697)

これは天武天皇の13年から持統天皇初め頃の女官の服装で、袍《ほう》には内衣を襲《かさ》ねて左衽にし、結紐、長紐を用い、裳は袍、内衣の下に着け、さらに下裙がつけられている。裳の下には襞飾《ひだかざり》が付けられているか、あるいは下裙に襞が執られていると思われる。また髪には前髪がとられ、垂髪の末端が上へ結い上げられている。

養老の衣服令による命婦礼服

奈良時代

Myōbu (the 4th grade court lady) in ceremonial court dress specified by the *Yorō-nō ritsuryō* (the code).

養老の衣服令による四位の命婦《みょうぶ》、即ち女官の礼服で、髪は金銀珠玉の飾りをつけた宝髻として化粧も白粉、紅の他、花子といって眉間や口元に紅あるいは緑の点をつけ、衣は四位相当の深緋《こきあけ》の大袖に同色の内衣を襲《かさ》ねる。裙《も》は蘇芳《すほう》、浅紫《うすきむらさき》、深緑《こきみどり》、浅緑《うすきみどり》のたて綾《だん》に、纐纈《こうけつ》絞りの文様をおく。裙の下には浅縹《うすきはなだ》の褶(ひらみ、したも)をつけ、紕帯《そえおび》をしめて錦の襪《しとうず》に舃《せきのくつ》(鼻高沓)をはく。衣服令に規定はないがさらに肩に領巾《ひれ》(比礼)をかけている。

伎楽呉女

Gigaku court dance costume for "Woman of Wu."

奈良時代

頂巾《ちょうきん》
條帯《くみのおび》

伎楽《ぎがく》は「呉楽」ともいい、古くはこれを「くれのうたまひ」と読んだ。百済の人、味摩之《みまし》が、推古天皇20年(612)に日本に伝えたといわれる楽器伴奏のある無言の仮面劇で、仏教音楽として法会《ほうえ》や行道《ぎょうどう》等に用いられた。のちに雅楽に圧倒されて鎌倉時代には衰え、現在は全く演じられていないが、その遺物は正倉院等に御物として残る。また諸寺の文献にもあって、奈良時代を偲ぶことが出来る。いまに残る民族芸能の獅子舞は、伎楽の名残りともいえる。

劇中唯一の女性は呉女で、面及び背子《からぎぬ》は正倉院御物による。他は次の時代の広隆寺、並びに観世音寺資財帳の記事によって考証した。頭には黒紫の頂巾《ちょうきん》をつけ、緋地錦の背子、赤紫の襖《あを》と緋紫の襖をかさね、纐纈の紕裳に白地の下裳をつける。下着には布の汗衫《かざみ》、緑の袷袴、足には布の襪、漆塗りの鼻高沓、帯は赤の組紐、紗の領巾《ひれ》(比礼)を肩に、手には垂緒のついた笠を持っている。

腕には金装の釧《くしろ》を飾るがここでは省略した。

頂巾・比礼をつけた歌垣の女

A girl in folk dance of Nara era.

奈良時代

古代日本の農村聚落の人々が、野辺や海浜に集まり、夜を徹して歌舞をたのしみ、歌のかけ合い等により男女が結ばれる場となった、また嬥歌《かがい》とも云われた。

歌垣は本来神を迎え、神を楽しませる祭事であり、米の豊饒を祈り、或いは収穫をことほぐ呪術的な行事として性の解放があったとも思われるが、やがてまた貴族の享楽の風流の遊びにも転じて行くこととなる。

ここでは頂巾、蠟纈文筒袖の上衣に裙をつけ、領巾《ひれ》(比礼)を持った奈良時代の姿とした。

和様の創製

平安

一般に、最も日本的と思われるのは、平安朝の服飾であろう。中国唐代の影響を色濃くうけた奈良朝の服飾がどの様な推移のもとに日本的なものに移行していったのか、ここではその変化の鍵を探ってみた。初期の唐風そのままのものから日本的な公家女子の晴れの装いに至る中間的な裙帯比礼の物具姿や特異な細長、汗衫姿を紹介。中後期の公家の束帯、衣冠、それに僧服の袍裳、裘代や、時の民衆の姿、遊び女、舞楽の各種もとりあげてみた。またこの時期に完成する武装としての大鎧は特に前後左右の四面を紹介。

女官朝服

平安時代

Court lady in formal court dress.

一髻《いっけい》（結髪の状態をいう）
釵子《さいし》

平安初期の貴婦人の姿である。当時の女神像や吉祥天女像等によったもので、髪も一髻になっているが、後ろと顔の両側へ長く垂れてさらに引き上げられている。眉間と頰の花鈿《かでん》(花子《かし》)は、唐風そのままで袖なしの錦の背子《からぎぬ》も養老の衣服令にはなかったもの。中央に垂れた二条の飾り紐は上衣の結び紐の余りを装飾化したものと考えられる。緂《だん》の裙《も》、縹《はなだ》の褶《したも》を下半身につけ、紕帯《そえおび》をして領巾《ひれ》(比礼)をかけ、鼻高の舃《くつ》をはいている。薬師寺の吉祥天女像等はさらに蔽膝《へいしつ》という前掛けをしている。一層の礼装を表わすものである。

平安時代

公家女房、裙帯比礼の物具装束

Court lady in ceremonial costume known as *mononogu-shōzoku*.

表着《うわぎ》
打衣《うちぎぬ》
衣《きぬ》（袿《うちき》）
（数枚を重ねている）
単《ひとえ》
裳《も》
張袴《はりばかま》

女房装束の晴れの姿といえば、いわゆる十二単で、これが最高の服装のように思われていることもあるが、さらに厳儀の時にはここに示したように裙帯《くんたい》、領巾《ひれ》(比礼)をつけ、髪を垂らした後、結い上げ、宝冠をつけた奈良時代の礼服《らいふく》の形を残したものが用いられた。これを物具《もののぐ》装束という。

即ち、唐衣《からぎぬ》、裳《も》、表着《うわぎ》、打衣《うちぎぬ》、衣《きぬ》(袿《うちぎ》ともいう)、単《ひとえ》、張袴《はりばかま》(多くは紅の袴)、襪《しとうず》、の通常の晴れの装いに、裙帯をつけ、比礼をかける。裙帯は養老衣服令の紕帯《そえおび》の変化とも考えられ、裳の引腰も裙帯の転じたものとの説もある。紫式部日記に「内侍ふたりいづ、その日の髪あげうるはしきすがた、唐絵をかしげにかきたるやうなり、左衛門の内侍御佩刀《はかし》とる、青色の無紋の唐衣、裾濃《すそご》の裳、領巾、裙帯は浮線綾《ふせんりょう》を櫨緂《はぜだん》に染めたり、表着は菊の五重、掻練《かいねり》は紅、すがたつき、もてなし、いささかはづれて見ゆるかたはらめ、はなやかにきよげなり」などとある。また年中行事絵巻の第五巻五段に見える妓女の奏舞は、この姿と思われるが、同絵巻では紅の長袴にかえ短袴となり、舄《せきのくつ》(はなだかぐつ)をはいているのは、より奈良時代の命婦の礼服に近いと思われる。

本図の袴は、紅の張袴とし、衵扇《あこめおうぎ》を手にしている。

公家女房晴れの装い

Court lady in formal costume. Popularly known as *jūni-hitoe*.

平安時代

垂髪《たれがみ》
唐衣《からぎぬ》
裳《も》（全体）
裳の引腰《ひきごし》

男子の束帯にあたる成年婦人の朝服で、宮中の正装である。唐衣《からぎぬ》裳《も》姿ともいわれ、今日俗に十二単と呼ばれている。このような姿は平安時代中期、十世紀後半には成立したと考えられる。これは中後期、十一・二世紀頃を想定し、禁色《きんじき》を許された高位の上臈《じょうろう》の姿とした。この形式は多少形状の変化はあるが、長く伝統を持ち続け、今日も宮中の特殊儀式の服装として用いられている。

髪は垂髪(特別の儀式の時は、頭頂に結いあげ髻《もとどり》をつくり、これに平額《ひらびたい》、櫛《くし》、笄《こうがい》、釵子《さいし》等を飾る)、眉は作り眉とした。

衣服の構成は唐衣、裳(裳の着装は、唐衣より先につける場合(イラストのもの)と、後につける場合(図版のもの)とがある)、その下に表着、打衣、袿(袿を五枚重ねる時、後に「五つ衣《ぎぬ》」といわれる)、単、紅《あか》の袴(若年未婚は濃色《こきいろ》=濃《こ》き紅《あか》の意で紫に近くなる。また、後には俗に緋《あけ》の袴といわれている)、衵扇(彩色され美しく飾られた檜扇。室町時代頃からその飾り紐が長く六色となり、飾り紐のつけねの所に飾花がつけられるようになる。この飾花は高倉流では松、梅、橘の三種、山科流では松、梅の二種となっている)、帖紙、足には襪《しとうず》をはく。

院政時代の公家女房晴れの装い

平安時代

Court lady in formal costume popularly known as *jūni-hitoe*. At *Insei* period in later term of Heian era.

裳《も》の大腰《おおごし》
裳《も》の引腰《ひきごし》
地摺《じず》りの裳《も》

公家女房晴れの装いは、現在宮中では、五《いつ》つ衣《ぎぬ》、唐《から》衣《ぎぬ》、裳《も》の服といわれ、俗には十《じゅう》二《に》単《ひとえ》の名で呼ばれている。この装束は10世紀後半には成立していると考えられている。この形式をうけついだ平安時代後半、院政時代といわれる白河、鳥羽、後白河法皇の時代、11世紀末から12世紀末に至る百年の間は服装の面でも最も絢爛豪華な時代であった。

公家女房装束が異様なまでに飾られ、身につけて居ならぶばかりでなく殿内の装飾として母屋と廂《ひさし》の境に上部には翠簾を吊し、下部には打出の装束として几帳の骨(木部)様式のものに掛けて並べ、また牛車の後部の翠簾下の飾りとする出衣《いだしぎぬ》としこの装束が用いられている。

当時の状態は律令制度の崩壊により、国の主権を執行するのが、天皇ではなく上皇、法皇といわれる前天皇で院と称される法制外の組織で、その下に国の税制外に存在する院の荘園よりの収入によってまかなわれるものであり、また、平氏の全盛も平氏の荘園よりの収入や平氏のもつ中国宋との貿易収入によるものであった。そのさまは「天下過差遂日倍増……」(中右記大治4年(1129)7月15日の項)と中御門宗忠も記している。公家自らが認め反省している所でもある。

この当時の文献として建春門院(後白河院の妃平滋子)に仕えた中納言建寿御前の日記や、「玉葉」「吉記」「山槐記」「兵範記」「中右記」、また「明月記」「今鏡」などにも表われている。この研究については清田倫子氏の「宮廷女流日記文学の風俗史的研究」によく尽くされている。

建春門院が三日間の行事に毎日異なったすばらしい物具の装束(女房装束のこと)を身につけ、つきしたがう女房40人も劣らぬ唐衣裳であり、殿内の装飾とされるものも建春門院は十一具六間分(玉葉安元2年(1176)3月4日、後白河法皇五十御賀所々打出の項)などと記されている。

また、有職故実の解説書として現存する最古のものと考えられている「満佐須計装束抄」は12世紀後半頃の作であり(源雅亮著)、この書の終わりの所に女房装束に関する記述がある。前記日記類と照合する所が多い。裳、唐衣の所を次に記すと、

もにたまのうはざし、つねのことなり
くるまにはのる人のしなにしたがへ、おり物
りうもんあひまじることなり
うはぎ　いかさまにもおりものなり
からぎぬにはひもといふものあり、からぐみのいろ
いろなるにて、あげ《揚》まきにな《蜷》をむすびて、六すぢも
八すぢもして、からぎぬのおほくびのかみは、うらう

へにつけたるなり、うちでにも、くるまのきぬにあらば、そでのうへにと《外》にひきいだしてさぐべし、きぬからぎぬ、うはぎ□きなりまて、やうやうに色をつくし、にほひ□てする常の事なり(以下略)

とあり、また、建春門院中納言日記にも「唐衣に紐つけ花結びなどしたるも見えき」、また「錦の唐衣、玉の紐とかや」などある。

この唐衣に紐をつけるということは今迄不可解とされていたが私の考証に於いて、襟の部分左右ではないかとしてみた。小忌衣《おみごろも》に紅紐があり、右肩また左肩につけているので紐を衣の飾りとする例があり、直垂等の胸紐を飾りとする事、狩衣、半尻等に袖括りの緒があり、装飾的な用い方がされている。江戸時代の裳につける懸帯には立派な刺繍がされている事がある。また唐衣を身につけ腕を前に置くと、この飾り紐は襟以外につける所はないのではないかと考えられる。

または、紐を前二垂れ、後一垂れとしたのは現在も用いられている修験者の木綿襷がこの三垂れの形式であり、これを参酌した。

公家姫君婚儀の装い

A court daughter in wedding dress.

平安時代

下げ髪

婚儀は人生の最大の典礼であるのは今も昔も変わらない。平安時代の公家社会に於いてもその盛装に苦心されたが、それは公の儀式でなく私の儀式としての立場であった。

平安時代中期の結婚は皇室を除く一般公家に於いては嫁入りでなく婿取りで、男が女の家へ通う形式で婿が嫁の家に通い、三日を経た後、嫁方の両親と挨拶をかわすというのでその儀式は「露顕《ところあらわし》」といわれ、これが今日の結婚式に相当するものであった。

後期になるに従い嫁娶《よめとり》の形式となってくる。神前結婚式という形式は、平安時代にはない。これは明治以後、皇室の諸行事が神道を以って行われ、明治天皇の皇太子嘉仁新王(のちの大正天皇)が新たに制定された「皇室婚嫁令」により明治33年賢所《かしこどころ》の皇祖の神前に於いて挙式されたのにならい、明治35年、東京日比谷大神宮の神前に於いて一般人が式をあげたのが最初であった。

平安時代公家の婿の装束は直衣か衣冠、「江家次第《ごうけしだい》」によると嫁の家へ行く時は布袴《ほうこ》、家に帰れば衣冠。また、供饌には狩衣ともあり、「長秋記」には源有仁は、織物の「直衣」に綾の紫の指貫、濃《こ》き打衣を出衣《いだしぎぬ》とし、下に蘇芳の衣三領、濃きの単、濃きの紅下袴、野剣《のだち》、笏、扇を持っていた。このように公の正装である束帯を着されることはなかった。

従って姫君の装束も、晴れの装いであるいわゆる十二単ではなく、小袿姿であった。

「玉蘂《ぎょくずい》」(九条道家日記)によると、蘇芳色小袿、白綾袿、八領、濃長袴、扇とあり、また「桃花蘂葉胡曹抄」には、姫君の装束の例が四つ挙げられている。ここには平安後期の嫁娶という表現がされている。

二条天皇の永暦2年(１１６１)正月29日、月輪殿中納言中将嫁娶における姫君の装束として、白御衣八、濃色御単、濃御打衣、薄蘇芳二重織物表着(亀甲の文)、濃蘇芳二重織物小袿(同文)、濃張袴。

鳥羽天皇の元永元年(１１１８)10月22日、内大臣嫁娶、民部卿長安女で年齢29歳という方の装束は白衣八領、濃単衣、濃袴、葡萄《えび》染二重織物小袿。

其の他二条天皇の平治元年(１１５９)7月2日、六条摂政(時に関白)が右衛門督信頼の妹を迎えた時の姫君の服装は松重二倍織物小袿、濃蘇芳二倍織物表着、濃引倍木《ひへぎ》、薄蘇芳単重、濃張袴、御扇。

とある他、後鳥羽天皇の元暦2年(１１８５)2月2日の中納言中将の嫁娶後第四日の装束としては皆紅の御衣六(小葵文)、紅の御単、白二倍織物御表着、鸚《おう》鵡《む》丸文松重小袿、紅御張袴とあって、色直しとも思われ、白の御衣が紅となり御袴も濃きより紅となり逆に表着が白二倍織物とかわっている。

　これ等の例により婚儀の装束は小袿或いは表着には、蘇芳色、萄葡《えび》染、松重色等が用いられ、袿(御衣)に白色のものが八枚重ねられ、単は濃きで袴も濃きが例のように思われる。

　茲にその例により

　　小袿は蘇芳色二重(倍)織物　一領

　　袿　白八領を重ねる

　　単　濃き

　　長袴　濃き

　下に濃き小袖、濃き袴をつけ、下げ髪、壊に帖紙、袙扇を手にする姿とした。

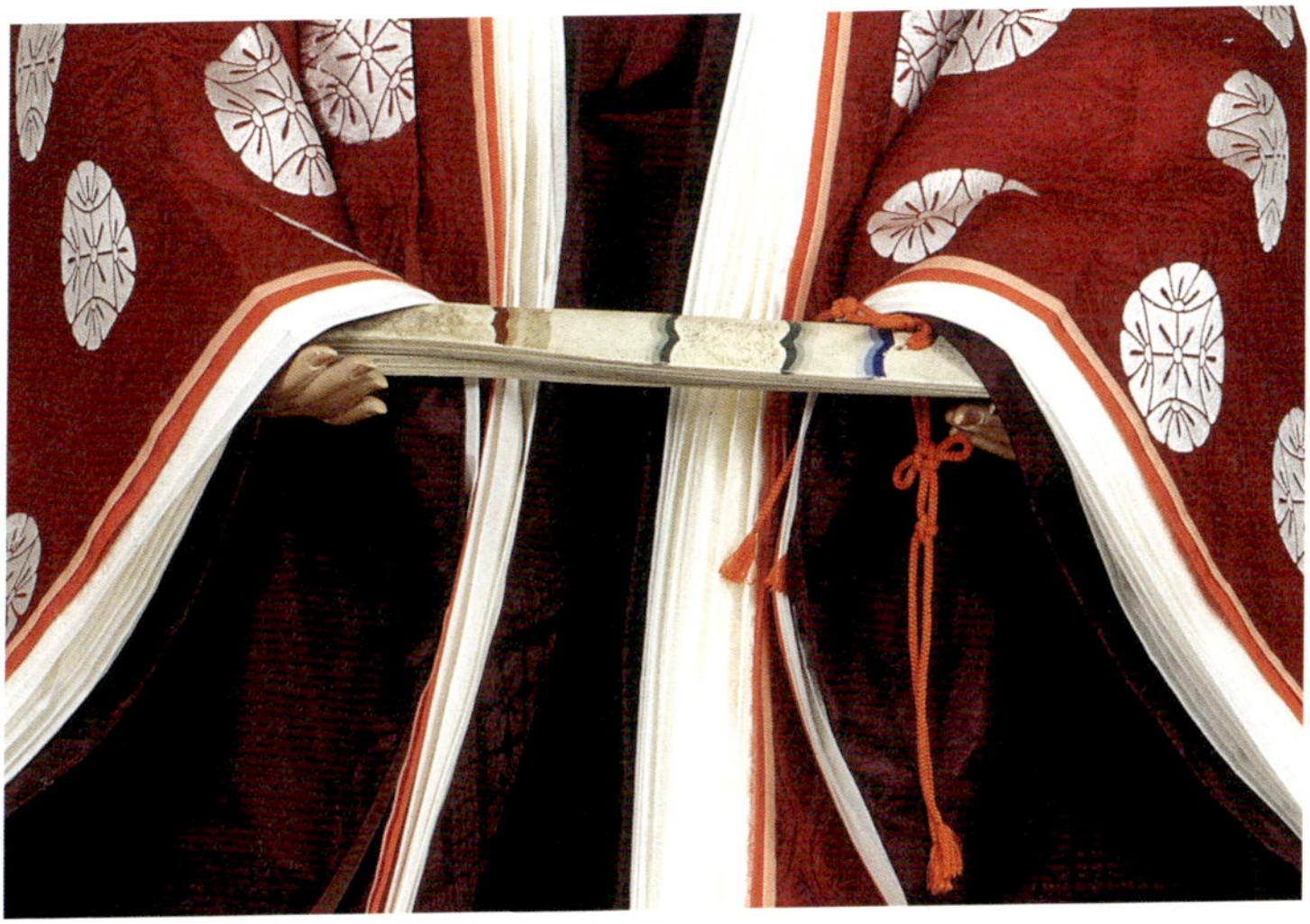

院政時代の公家女子、三ツ小袖に細長姿

平安時代

Young daughter of the noble family in the full dress *hosonaga* with three *kimono*, at *Insei* period in latter term of Heian era.

愛読者カード

日本服飾史 女性編

●本書をどこでお知りになりましたか（○をつけて下さい）。

01:新聞　02:雑誌　03:風俗博物館　04:ネット　05:友人・知人　06:その他（　　）

＜お買いあげ店名＞（　　市区町村　　）

●ご購入いただいた理由

01:昔の衣装に興味がある　02:デザインの参考に　03:日本史等の学習参考文献として

04:表紙に惹かれて　05:その他（　　）

●次の項目について点数を付けて下さい。

☆テーマ　1.悪い　2.少し悪い　3.普通　4.良い　5.とても良い

☆表　紙　1.悪い　2.少し悪い　3.普通　4.良い　5.とても良い

☆価　格　1.高い　2.少し高い　3.普通　4.少し安い　5.安い

☆内　容　1.悪い　2.少し悪い　3.普通　4.良い　5.とても良い

（内容で特に良かったものに○、悪かったものに×をつけて下さい。）

01:写真　02:文章　03:情報　04:レイアウト　05:その他（　　）

●本書についてのご感想・ご要望

■注文欄

本のご注文はこのハガキをご利用下さい。代引にて発送します。

※商品合計1,500円未満の場合、手数料・送料あわせて530円、
　商品合計1,500円以上の場合、手数料・送料あわせて230円を申し受けます。

日本服飾史 男性編	著／井筒雅風	本体 2,980円＋税	冊
柴田是真の植物図【改訂版】	編／黒川廣子・薩摩雅登	本体 2,000円＋税	冊
田畑喜八の草花図	編／五代 田畑喜八	本体 2,000円＋税	冊
有職の文様	著／池　修	本体 2,000円＋税	冊
佛教の文様	著／池　修	本体 2,800円＋税	冊
			冊

■当社出荷後、利用者の都合による返品および交換はできないものとします。ただし、商品が注文の内容と異なっている場合や、配送中の破損・汚損が発生した場合は、正当な商品に交換します。

当帯《あておび》

細長には諸説があり、また細長という名称であっても同一の形状ではない。これは平安時代の公家の幼児服と年若い女子の晴れ着で、幼児服は円領の水干《すいかん》の丈を長くしたようなものである。年若い女子の表着としてのものは垂領で、衽がなく腋のあいた身丈の長いものである。また別に近世では袿と同様の形状で衽がなく、身丈の長いものを細長と称して、産衣や幼児服として用いられた。

ここでは年若い女子の公《おおやけ》ではなく私の晴れ着として用いられた姿とした。即ち上から細長、小袿、単を着け濃きの袴をはいている。

源氏物語末摘花の頃に「無紋の桜の細長《ほそなが》なよらかに着なして何心もなくて物し給うさまいみじうろうたし」、また栄花物語に女の装束に織ものの細長《ほそなが》、添へて銀の衣、筥にて包などもやがて白きにまた包ませ給へる物など添へさせ給」、また兵範記、中右記には若君の装束として記されている。

院政時代頃から今迄下着として直接膚につける小袖が昇華し、装束の一具となって来た。

建春門院中納言日記承安3年(1173)の御堂供養の時の門院の服装を、「白地のにしきの二つ《ふたつ》小袖《こそで》、赤地のにしきの御はかまたてまつりて」、また安元2年(1176)御白河院五十御賀の御装束について作者である健寿御前自身の服装に関して、始の日は織物の五つ小袖、中の日は織物の三つ小袖、3日は唐綾の三つ小袖を着たことが記されている。

建長3年(1251)の作といわれる吉野水分神社の木彫の玉依姫命の像に3枚の小袖が着こめられ、その上に、単、袿と重ねて着装されている。

細長の時にも下に三つ小袖の着装のある事を思い、ここでは三つ小袖を襟もとで表現した。

しかし、このように女房装束として美化してきた織物小袖も「三代制符」寛喜3年(1231)の宣旨には、「女房織物小袖一切停二止之一」、「公家新制」弘長3年(1263)の宣旨には、「可三停二止緇素上下諸人服錺以下過差一事織物除二禁色人一外、不レ可二着用一、男女房於二織物小袖一者、雖二禁色人一、一切停二止之一」とあり、13世紀になるとこのような禁令により廃止の方向へ向かった。

しかし、小袖の着装とこれが、上着として用いられる流れは、15、16世紀へとつづき小袖の一般社会、武家社会に於ける重用、そして今日に及ぶ小袖即ち和服、日本のきものとなって来たと思われる。

公家女子細長

平安時代

Young daughter of the noble family in full dress, *hosonaga*.

当《あて》(宛)帯《おび》

細長には諸説があり、また細長という名称であっても同一の形状ではない。これは平安時代の公家の幼児服と年若い女子の晴れ着で、幼児服は円領の水干《すいかん》の丈を長くしたようなものである。年若い女子の表着としてのものは垂領で、衽がなく腋のあいた身丈の長いものである。また別に近世では袿と同様の形状で衽がなく、身丈の長いものを細長と称して、産衣や幼児服として用いられた。

ここでは年若い女子の公《おおやけ》ではなく私の晴れ着として用いられた姿とした。即ち上から細長、小袿、単を着け濃きの袴をはいている。

平安時代

汗衫を著けた公家童女晴れ姿

Young daughter of the noble family in formal dress, *kazami.*

汗衫《かざみ》は本来汗のつく内衣(肌着)であって、単のものであったろう。やがて下級者の表衣となり、更に長大化して公家の童女の正装に用いられた。従って本来の汗衫と、公家童女の汗衫とは、形状も自ずから異なるが、単のものであることに変わりはない。

公家童女の正装は円領《あげくび》、衽つき、闕腋、身二巾、袖二巾で身丈は後身曲尺一丈五尺、前身曲尺一丈二尺の長さである。円領の汗衫を垂領《たりくび》に着け、汗衫の下は衵《あこめ》、五つ衣、打衣、単、白の表袴を、濃きの長い張袴の上にかさねている。

満佐須計装束抄《まさすけしょうぞくしょう》の寸法によった。

汗衫《かざみ》の当《あて》(宛)帯《おび》

童女平常の夏の汗衫姿

Young girl in everyday wear, kazami.

平安時代

蝙蝠《かわほり》（扇《おうぎ》）
切袴《きりばかま》

公家童女正装としての汗衫とは異なり、扇面法華経の下絵に見られる平常の姿で、単仕立《ひとえ》。肩の袖付けの縫い目をほころばせ、これを「ゆだち」といい、組紐を通して結ぶ。素肌のまま切袴をはき、その上に着ている姿が見られる。

満佐須計装束抄には次のように述べられている。

かざみのひだりのはたそでのたもとのすぢを、五、六寸ばかりほころばす人あり、ゆだちとなづけたり、ぞくのひがごとなりぬひふたぐべしかざみにゆだちをあくるとは、左のわきのぬひめのまへをたもとまでほころばして、くみにてひもをつくるなり

即ち前段は誤りを述べ、後段を正としている。左の袖の脇、この縫目の前をあけることもあって、扇面写経の図は右の袖の脇があけられ相違している。

満佐須計装束抄前文につづいて次の説明がある。

この儀つねならず、のり弓の射手にいりたる宰相の中将の、五せちをたてまつらんにあくべしとぞ申つたひたる。

このようにあるので、やはり左の袖を正とすべきかと、ここでは左の袖の脇をあけることにした。

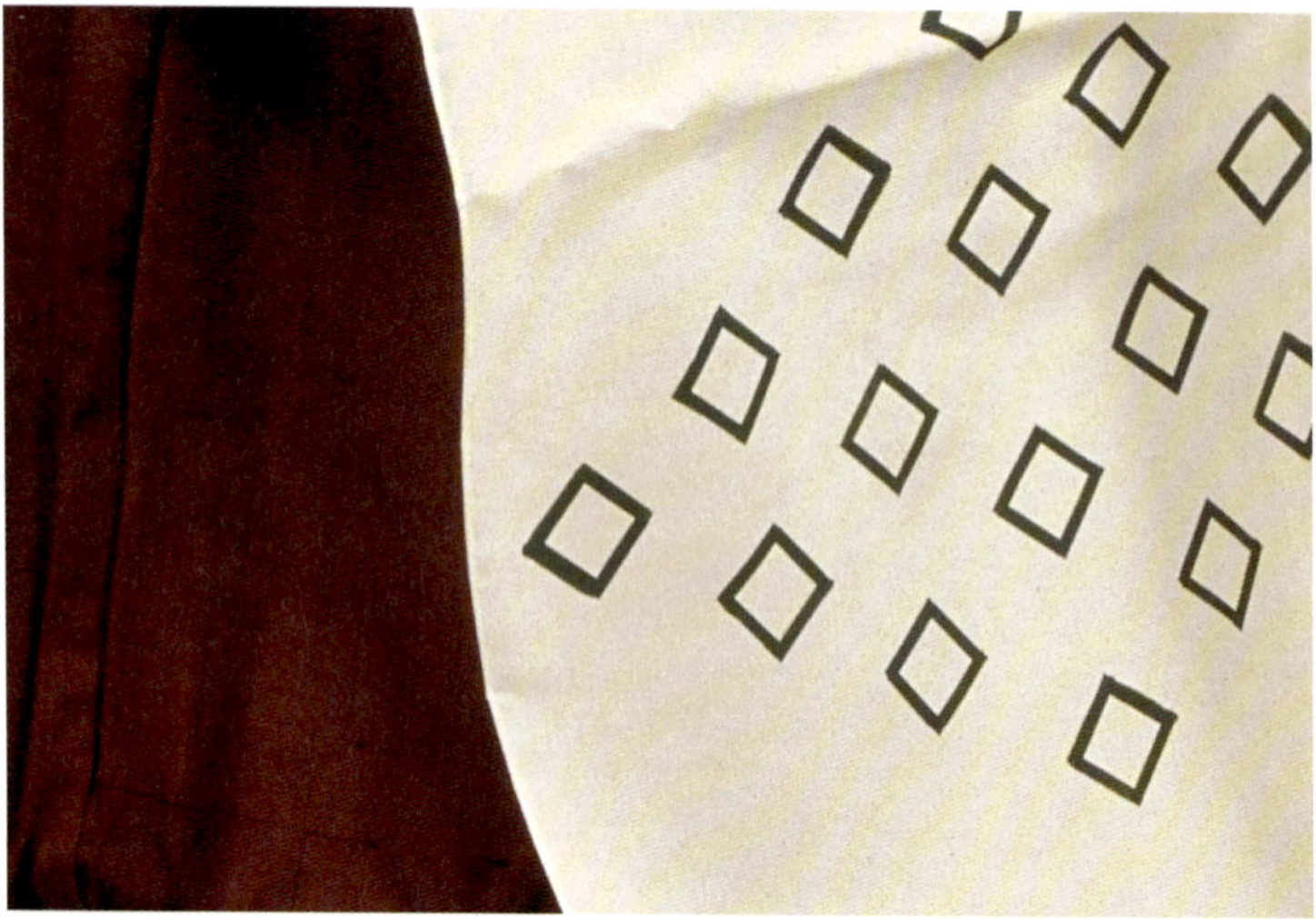

公家女房五衣小袿

平安時代

Court lady in semiformal costume known as *itsutsu-ginu kouchiki*: *kouchiki* (little cloak) over *itsutsu-ginu* (robes) and *naga-bakama* (divided skirt).

下げ髪

公家の女房の正装は唐衣、裳をつけることであるが、この正装にかえ高貴の方々では単、五つ衣の上に小袿を重ねられることがあった。
近世の小袿は袿と同形で、表地と裏地のおめりの間に中陪《なかべ》という別裂をつけた三重の仕立のものをいうが、平安末期では必ずしもこのことばかりでなく、やはり身丈が多少短いものと思われる。これは女子の准正装といえる。

公家女房冬の褻の装い

平安時代

Court lady in everyday wear for winter with *kouchiki* (robe) and *naga-bakama* (divided skirt).

公家の女房の平常の姿。袿を上に単を重ね、紅の打袴をはいて下に白の小袖をつけている。
これは冬用のもので、袿は二陪織、単は幸菱文《さいわいびしもん》の固《かた》地綾《じあや》、袿は数枚重ねることもある。
手には衵《あこめ》扇を持ち、髪は垂髪で、既婚や婚約のしるしである鬢批《びんそぎ》という短い髪を頬の横に垂らしている。

公家女房夏の褻の装い

Court lady in everyday wear for summer.

平安時代

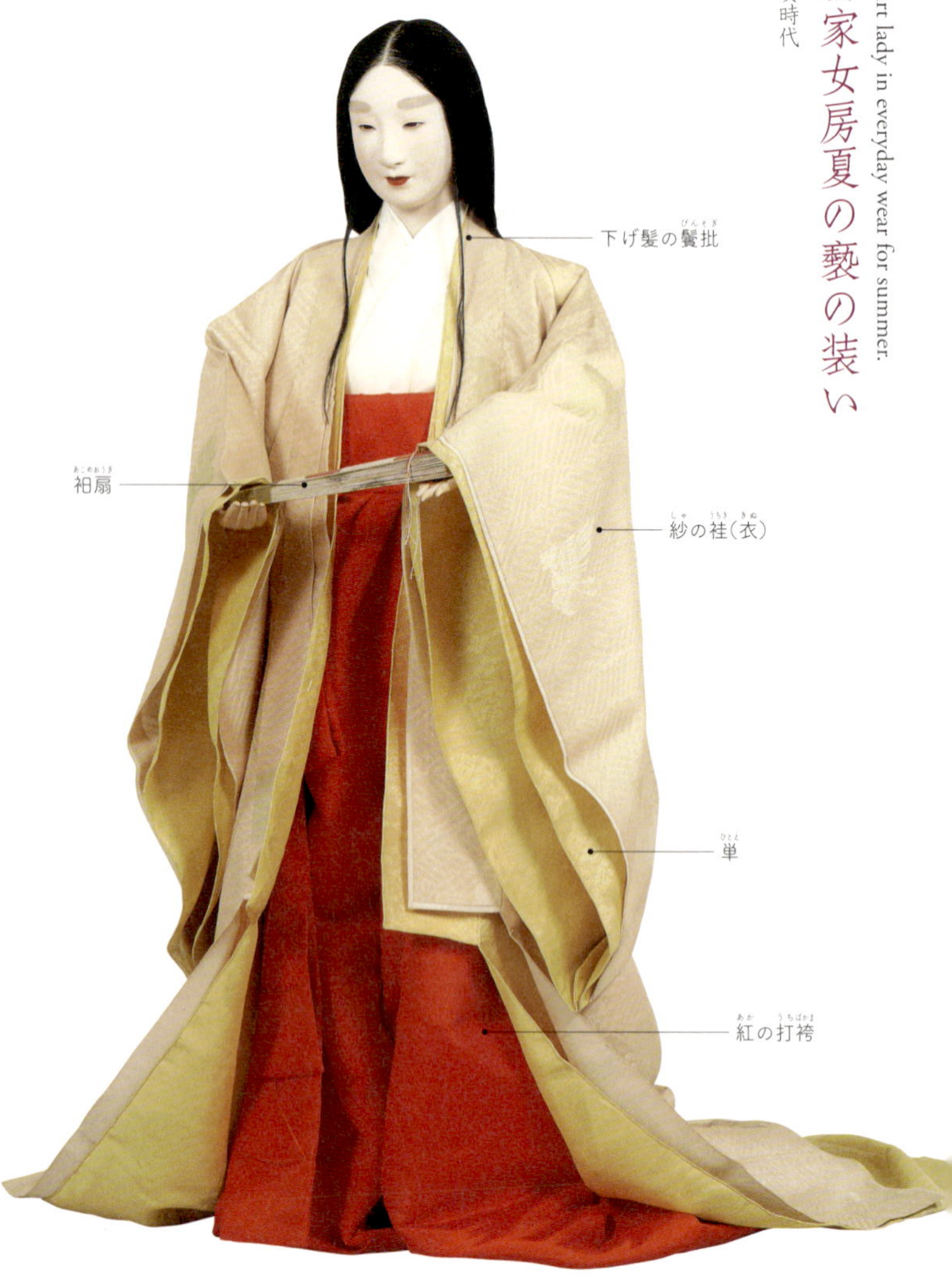

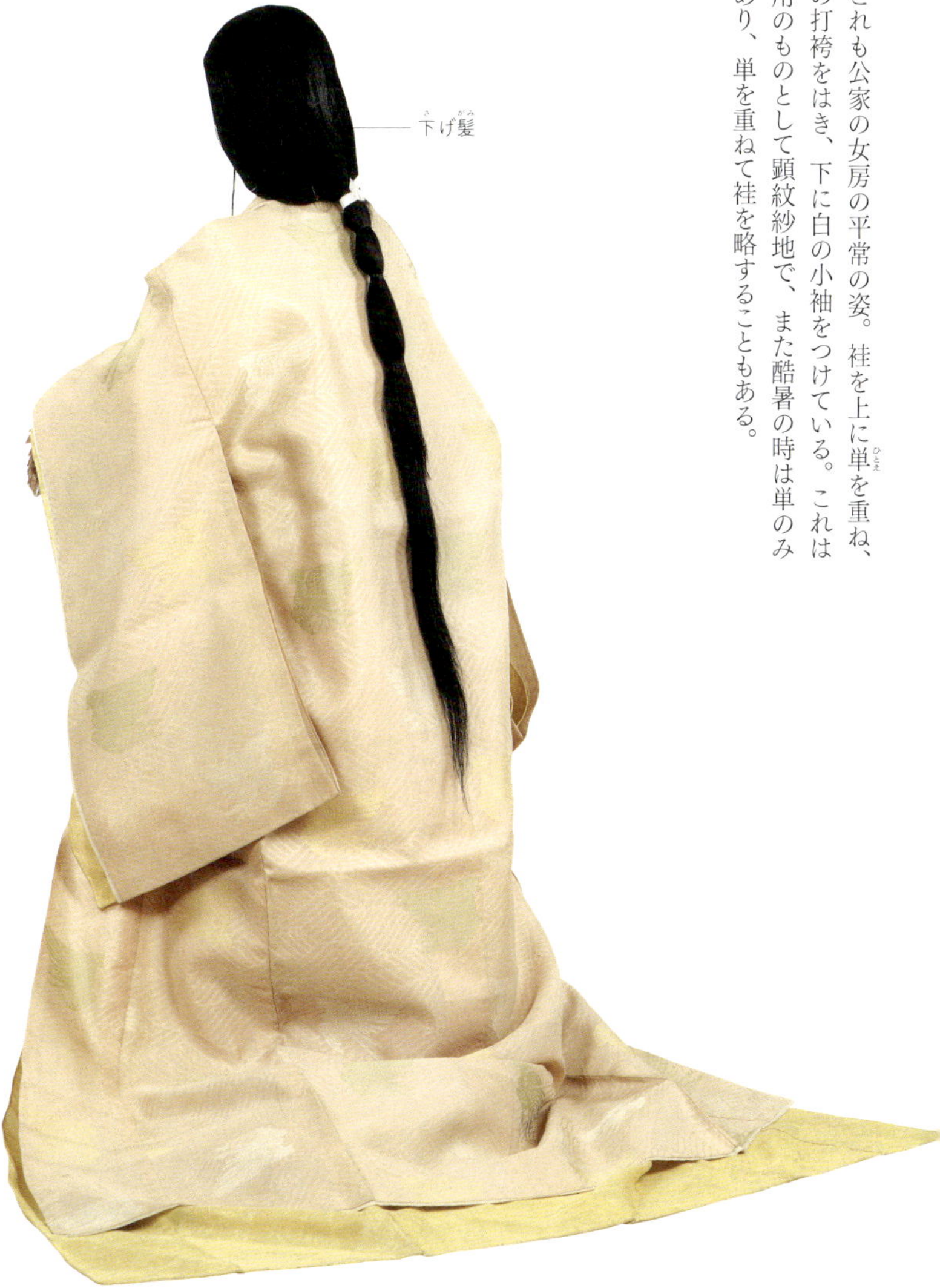

これも公家の女房の平常の姿。袿を上に単《ひとえ》を重ね、紅の打袴をはき、下に白の小袖をつけている。これは夏用のものとして顕紋紗地で、また酷暑の時は単のみもあり、単を重ねて袿を略することもある。

院政時代の単重ねの公家女房

平安時代

Court lady everyday wear for summer at *Insei* period in later term of Heian era.

公家の女房の平常の姿として袿、単《ひとえ》、袴がある。院政時代の「満佐須計装束抄」に「六月よりひとへ《単》がさ《重》ね、すほうくちは《朽葉》、くれなゐうすいろ、うすあを、からかみそめつけ、ふせんれう……」とあり、つづいて「七月七日よりきがへする……」「八月一日より十五日ま

で、ひねりがさね……」などあり。

ひとへがさねは、単を二枚かさねる意味で、ひねりがさねは、単の三枚を意味する三つの御衣《おんぞ》の意ではなかろうか。鶴岡八幡に伝承する北条政子着用といわれる衣は、ひねり仕立の単の衣を三枚背や脇などで縫い合わせたものが三組と、単とが現存している。

三つ御衣は建春門院中納言日記にもあるが、冬の褻の場合と見られる。八月は太陽暦では九月であり秋と云える。

六月は太陽暦の七月、夏の最中と云えるので、単を二枚重ねて褻の装いとしたと思われる。ここに単かさねの夏姿を示すこととした。

地は生。即ち固地の生とし、紋は浮線綾も考えられるが、ここでは幸菱文とし、色は上を二藍、下を萌黄の杜若《かきつばた》重ねとしその下には小袖、袴は紅長袴とした。

舞楽・胡蝶

平安時代

Bugaku court dance costume for "Kochō (Butterfly)."

胡蝶《こちょう》の羽根《はね》

これは仏事の供養の楽として古来、迦陵頻とともに多く用いられる童舞で右舞に属する。

延喜6年（906）に、宇多上皇が童相撲《わらべずもう》御覧の時に、山城守藤原忠房が曲を作って式部敦実《あつみ》親王が舞振りをつけたといわれる。

春日に舞い遊ぶ胡蝶の姿を表わしたもので、四人舞である。

舞楽・迦陵頻

平安時代

Bugaku court dance costume for "Karyōbin."

銅拍子《どうびょうし》
迦陵頻《かりょうびん》の羽根《はね》

これは童舞《どうぶ》(わらべまい)で四人舞い。紅白梅の枝をつけた金銅の天冠をいただき、体に鳥の姿を表わしたつくりものをつけ、銅拍子《どうびょうし》を打って舞う。

袍は緋の闕腋、袴は白の括袴、ともに彩色の刺繡がされている。綵《だん》(段染)の脛巾《はばき》、糸鞋をつける。

天竺国の曲で、昔、祇園精舎供養の日に、極楽の鳥とされる声の美しい迦陵頻《かりょうびん》が飛び来たり、舞ったのを妙音天が感じられ、翔舞にかたどり、この曲をつくられたという。

左舞に属する。

烏帽子太刀をつけた白拍子

平安時代

Shirabyōshi or a woman dance in male attire; with the *eboshi* cap and a sword.

白拍子《しらびょうし》は平安朝末から始まった男装の舞妓。妓王、妓女、佛御前、静御前等が知られる。素拍子で今様の簡単な歌で舞ったからともいわれている。立烏帽子、水干、単、紅長袴に太刀(これは錦包籐巻)を佩び、手に蝙蝠《かわほり》(地紙の片面に骨のある扇)を持つ。

平安時代

髪を結い上げた白拍子

Shirabyōshi or a woman dancer in male attire; with an up-swept hairdo.

はじめは立烏帽子、水干、紅長袴に太刀を佩び、手に蝙蝠《かわほり》（地紙の片面に骨のある扇）を持って舞ったが、後には荒々し過ぎるとして、立烏帽子と太刀を略されることもあり、白の長袴を着ける事もあった。

源平盛衰記や義経記には、静御前が髪を結い上げて烏帽子を省き、白袴を着けた事が記されている。義経記は南北朝頃の作品で、聊か時代が下るが参考の為ここに加えた。

遊び女

平安時代

Courtesan of the Heian era.

下《さ》げ髪《がみ》
丈長《たけなが》
緒太《おぶと》

あそびめ、またはうかれめともいわれ、古い頃の巫女《みこ》が神性、司祭性を失ってから流浪性、遊行性、娼婦性を発展させたのが奈良時代の遊行女婦であって、平安時代以降はそれをちぢめて遊女と表現された。

平安時代の遊女は教養もあり、彼女らの和歌が勅撰歌集に入っているものもある。

これは袿姿での遊行の為、裾を腰の小紐にはさんだ姿とした。正式の旅姿の壺装束と異なる略の装いである。

民衆婦人姿

平安時代

Commoner in everyday wear; *kosode* and *shibiradatsumono* (wrapping skirt).

平安朝中期以降の一般庶民の婦人は、舟型袖に細帯をまとうか、あるいはこれに「褶《しびら》だつもの」といわれる奈良朝の裙の名残りのようなものを腰にまいている。また、腰布をまとい、その上に袖なしの衣をつけることもあった。

ここでは小袖、褶だつものの姿とした。髪は短く剪《き》り、背でたばねて元結《もとゆい》で括り、小袖には当時好みの洲浜文様を摺込んでいる。

武装の伸展

鎌倉・室町・安土桃山

武門の政権下、当然武装の伸展著しく、鉄砲伝来に伴い当世具足が登場。また庶民の服装であった直垂が武士の平服となり、礼服となり、更には大紋、素襖を作ることとなる。庶民の地位も向上し、宋代の流れをくむ唐様の法衣も一般化してきた。下着であった小袖は庶民の働き着であるとともに、公武家の上流婦人の正装ともなり美しい打掛、腰巻姿となった。またこの時期は南蛮文化の到来に伴う西欧服装の影響が現れてくる。歌舞伎成立当初の巫女姿の出雲阿国や明代の影響をうけた結髪や名護屋帯姿も見られる。

上流武家婦人通常の正装

鎌倉時代

Woman of the upper warrior class in formal costume.

平安時代中期に完成した公家女房の唐衣裳の晴れの装いも特別の儀式だけのものとなり、天皇の側近に伺候する以外は、唐衣を略し、また表着や裳さえ省くこととなり、後期には小袿、袴に衣《きぬ》、単《ひとえ》を重ねた袿姿が「はだか衣」として用いられ更に次には衣を除く単、袴のままの姿であったり、更に控えの時などは袴を脱して小袖のままのこともあった。

鎌倉時代武家政権となってからは京都の公家風を採り入れながら、より簡略な形が求められるようになった。これは鎌倉時代初期の将軍夫人や執権夫人の幕府における通常の正装を想定したもので、白小袖に幅のせまい帯を締め、その上に公家風の単と袿を重ねた姿とした。

当時の遺物としては、鎌倉の鶴岡八幡宮に残る神宝の袿等が五領あり、国宝になっている。

品目は次の五点である。

(一)　白小葵地鳳凰文二重織袿　一領
(二)　紫地向鶴三盛丸文唐織袿　二領
(三)　淡香地幸菱文綾織単　一領
(四)　黄地窠霰文二重織小袿　一領

現在は(二)(一)の順序に三領の袿が重ねられ他は別置してある由である。

これ等は後白河法皇の献納とかまた亀山上皇の寄進とか伝えられているが、平安後期のおもかげのある鎌倉初期のものと考えられている。今回これ等をすべて復原考証した。

(一)表、白小葵地鳳凰文二重織物、中陪は黄平絹、裏、萠黄向蝶文綾(綾地綾)
(二)表、紫地向鶴三盛文浮織、中陪は白平絹、裏、紫松葉襷鶴菱文綾(固地綾)
(三)淡香地幸菱文綾(綾地綾)の単仕立
(四)黄地窠霰文二重織、中陪は黄平絹、裏は黄繁菱文縠紗

になっている。

(三)の単をのぞく他の品は中陪つきで、表、中陪、裏ともそれぞれ単仕立ひねりぐけで袖幅、裄、同寸のものを、背、脇、衽《おくみ》などを縫目で綴じつけて重ねて一領としたものである。この(一)を上とし(二)の同品二領を所蔵の通り重ねて重ね袿とし、(三)は当時の色彩を推定すれば紅の退色とも見られ単として用いた。寸法もすべて伝承の品々によった。袖付は振りがなく身につけられているのでその様式に従い、袖口には重なりがあるが裄の差による中陪は見えない。鶴岡八幡宮の単仕立三枚一組のものを四組重ねれば十二枚の単を重ねたことになり、単仕立三枚一組のものを三組と二枚合わせのもの一組と単を重ねれば十二枚の重ね単と

なる。このように十二単の言葉を現実に見る心地があり、十二単とは本来は晴れの装いである唐衣、裳姿を意味したものでなく、近世になって十二単が唐衣、裳姿を示すようになったとも考えられる。

ここでは(一)、(二)、(三)の上に(四)の小袿を加えたので十二の御衣と単となり、計十三枚になる。

つぼ装束にむしの垂れぎぬの旅姿

鎌倉時代

Woman of the upper class in *tsubo-shōzoku* (travel outfit); with *mushi-no taregimu* (a hemp veiled sedge hat).

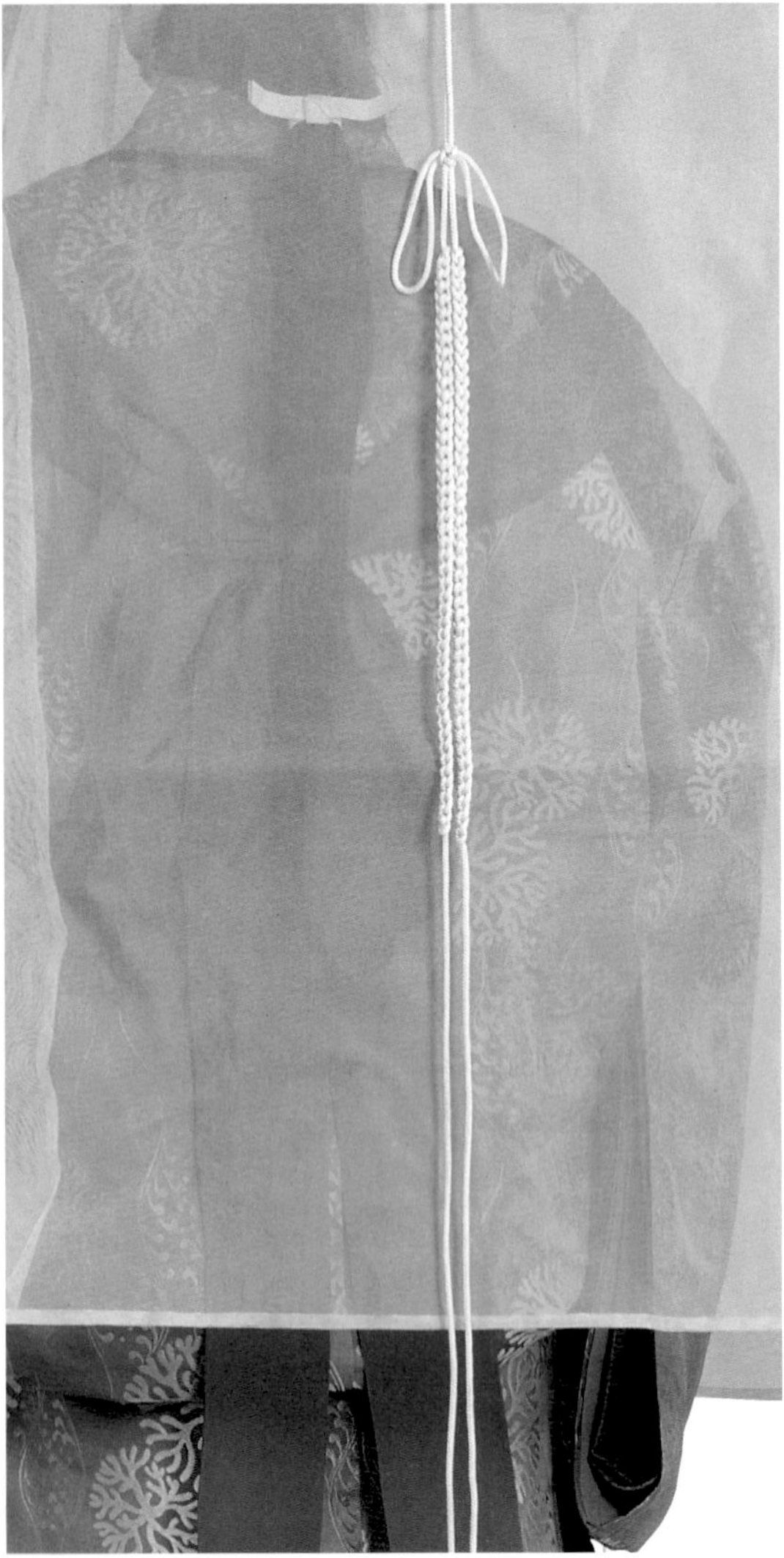

公家や上流の武家婦人の外出姿で、袿をからげ、裾をつぼめるのでつぼ装束という。懸《かけ》(掛)帯は胸のあたりにかけ、足には緒太の草履をはく。藺笠には「からむし」(麻)で作られた布を垂れる。虫除けにもなる。これを「むしのたれ衣《ぎぬ》」という。

小袖、かけ湯巻をつけた女

鎌倉時代

A woman in everyday wear; *kosode* and *yumaki* (light wrapping skirt).

下《さ》げ髪

湯巻は今木とも記され、本来は高貴な方が湯を使われる時、腰に巻かれるものであり、またそれに奉仕する女房達が袿か衵《あこめ》の上からまとったもので多くは生絹を用いていた。御湯殿での奉仕のほか天皇が理髪される時にも近侍の女房がつけている(西宮記)。また小さい御子を湯に入れる時、桶の底にもこれを敷いたことなども記されている(うつほ物語)。

この湯巻も12世紀頃には袴にかわる略装として貴族の人々にも用い出され、白平絹ではなく染付のものを着たことが平家物語にも見える。

このような風習が一般の人々にも及んでいたわけで、信貴山縁起絵巻、飛倉の巻では袿姿の長者に対して召し使いの女が小袖に文様が染められている腰布をつけている図があり、また伴大納言絵詞の町の人々の女装に染ものの腰布をつけた小袖姿がある。これは「ひだ」がないので湯巻と思われる。

また「かけ湯巻」という言葉が「とはずがたり」にあるが、このかけ湯巻というのは腰布の上端に紐がつけられていないもので、一枚の布だけのものを腰にはさんだと思われる。

ここでは薄茶色無文の帷子《かたびら》に縹色絁《あしぎぬ》地に簡単な白纐纈文のある「かけ湯巻」をつけた姿とした。

小袖、裳袴をつけた女

A woman in everyday wear; *kosode* and *mobakama* (wrapping skirt).

鎌倉時代

栄花物語、太皇太后宮田植御覧の条に「若うきたなげなき女ども五、六十人ばかりに裳袴というものいと白く着せて」とあり、四天王寺の扇面古写経にも見える。また満佐須計装束抄にも「ひすまし」という便器を扱う女が裳袴をつけるという事が記されている。元来は低い身分の人達の用いるものであったが、鎌倉時代になると小袖が下着から間着や表着として用い出されるにつれてこの裳袴というものも上級の女房達に用い出された。

一般の用になるにしたがい、色ものも文様のあるものも使われた。これは襠のない、いわゆる行燈《あんどう》袴と呼ばれるような姿で、短い袴とも裳とも解されるのでこの名がある。腰(紐)は袴と同じように右脇で長く結び垂れる、法然上人絵伝第三十四巻の室泊の遊女をのせる舟人の姿にもこの小袖裳袴が見られる。

ここでは黄地、薄紅の欅文様の絹の小袖に綾地立涌紅裾濃の裳袴姿とした。

つぼ装束に袿をかづいた旅姿

鎌倉時代

Woman of the upper class in street wear (*tsubo-shōzoku*).

公家あるいは武家婦人の外出姿。つぼというのは衣服をひらかないで、つぼめて着る、即ち外出の時等にからげて着ることをいう。

下には小袖、単《ひとえ》、袿《うちき》を重ね、一番上の袿は、袖を通しながら頭からかづいて着るなどした。この袿の仕様は、普通のものにくらべ襟づけ、脇あき等が異なっている。赤い懸《かけ》(掛)帯を胸にかけ物詣でや旅などには、守袋を前にかける。

市女笠という菅笠を手に持ち、足には緒太(草履)をはく。

小袖をかづく武家婦人

室町時代

Woman of the warrior class in street wear; a *kosode* pulled up over her head.

室町時代の武家婦人の略儀の外出姿。小袖は袖丈、袖巾とも短く、袖口小さく袂《たもと》は丸い。身幅は広く二巾である。この頃から辻ケ花染が起こり、やがて染織の技術は一段と発達して行く。

帯は細いくけ帯で美しく、頭に小袖をかける。これを被衣《かづき》という。

大原女

室町時代

Ohara-me or peasant woman of Ohara village selling firewood in Kyoto.

大原女は京都の北東、比叡山のふもと八瀬、大原に住み、炭や柴、薪を町に売りに出る女。髪は束ねられ、黒の小袖に白の下着、紅白絞の細い帯、白の手甲、脛巾《はばき》に草鞋《わらじ》をはいて、白の手拭を被った頭に黒木(柴)をのせている。

室町時代作の七十一番歌合わせには、黒木売りとして出ている。この姿はそれに依ったもので、現在の大原女は二巾半の前かけ等をして室町時代の姿とは全く変わっている。

桂女

室町時代

Katsura-me or peasant woman of Katsura village selling food in Kyoto.

桂女は京都の西郊、桂に住み、桂川の鮎や飴を売りに来る女で、頭に長い白布を巻く習慣があった。これを桂包《かつらづつみ》といい、この桂包は先祖の桂女が三韓征伐の時、神功皇后から戴いた腹帯であるという伝説によるが、真疑の程はわからない。これは麻の小袖で絞りと絞で文様が出来ている。絞染の細帯をして白の手甲《てこう》、脚絆、頭に鮎や飴を入れた桶をのせている。

打掛をつけた武家上流婦人

Woman of the upper (warrior) class in ceremonial dress, with *uchikake* (outer garment).

安土桃山時代

武人の妻などは、衣服省略の風潮に伴って、小袖の上に細い帯を結び垂れ、身分の高い婦人でも、上に打掛《うちかけ》という小袖同形の衣を上から引きかけるのみとなり、髪は垂髪に「びんそぎ」の髪を両側にたれ、化粧法も、作り眉を上の方に描くようになった。

打掛には、明より伝来した高級の浮織物、あるいはこの技術を受けて日本で織り上げられたもの等が用いられたりした。この高級浮織物を唐織という。

打掛の下着は間着といわれ、通常白地が用いられるが、その下に模様のある下着を重ねたりした。江戸時代には赤地の打掛に赤地の間着、黒地の打掛には黒地の間着が用いられ、公武家にあっては間着に通常地文様のものも用いるが染や刺繍の文様はほどこされていない。

打掛腰巻姿の武家上流婦人

安土桃山時代

Woman of the upper (warrior) class in formal costume for summer; *uchikake* wrap around the waist.

下《さ》げ髪《がみ》
丈長《たけなが》

冬期の打掛に対し、夏期にはこの打掛の上半身を脱いで腰に巻きつけ夏期の正装とした。これを腰巻姿という。

夏の正装としてのこの形式は江戸時代にもうけつがれたが、江戸期になると間着が外から見えるので夏の間着に染繍をほどこし、かえって打掛の文様を簡略にするようになった。

Shinto priest of Izumo Shrine on missionary tour.

諸国勧進の出雲の巫女

安土桃山時代

「かぶき」(後に歌舞伎の字を宛てた)をつくったのは出雲阿国と名古屋山三郎といわれ、その阿国になぞらえたもの。阿国は出雲大社の巫女であったが大社修理の勧進の為、諸国を経て都へ来た。これはその姿で、

この形で舞ったこともあった。髪は禿《かぶろ》(切下げ髪)で黒塗の笠をかぶり、紅の胸紐、小露の附いた白の千早《ちはや》に紅の切袴で、腰には金銅の瓔珞《ようらく》を吊し、頸に数珠と鉦をかけ、右手に撞木《しゅもく》を持っている。

Courtesan.

遊女

安土桃山時代

天正17年（1589）、秀吉の公許によって京都の二条柳町に遊廓が出来た。これは当時の遊女の姿で明《みん》から伝わった唐輪という髪型。締切《しめき》りの小袖に名護屋帯といわれる組糸の紐を帯に用いている。

名護屋とは九州肥前の名護屋のことで、中国の人達がこの地でこの帯を作ったので名護屋帯といわれた。

小袖の完成

江戸

江戸幕府の成立に依り完成された武家礼装の各種がそれぞれの身分に応じて定められ象徴的となった公家の姿を、平安時代のものと比べて考えてみたい。

この時代、小袖は主流となり、高位の人々や庶民にまで広く用いられるようになり、日本的基準の服装がここに成立した。

特異な小道服や虚無僧、雲水、また桃山時代の南蛮服の日本化の様相を道中姿としてとりあげた。

尚幕末における改革期の服装として鎧直垂陣羽織姿も見られる。

江戸時代前期の正装の公家女房

Court lady in formal dress at the early Edo period.

江戸時代

絵元結《えもっとい》
唐衣《からぎぬ》の髪置《かみおき》
紅《くれない》
こびんさき
裳の大腰《おおごし》
長髢《ながかもじ》
裳《も》
裳の引腰《ひきごし》
纐纈《こうけつ》の裳《も》

平安時代中期以来の女官の晴れの装で俗にいう十二単である。応仁の大乱後、しきたりが不明となり特別の形が生まれた。即ち桃山時代前後から天保14年(1843)、平安朝の裳再興までの姿のことで、裳には唐衣と共裂の刺繍入りの懸(掛)帯が用いられ、小腰はない。引腰《ひきごし》のあつかいは今日も完全にわかっていない。尚、この裳の下に纐纈の裳といわれる二幅の頒《あがち》布《の》のつく合計四幅の裳がつけられる。この纐纈の裳は享保7年(1722)の御再興女房装束の際廃止されている。

纐纈の裳の言葉は古いが実態の判明しているのは京都霊鑑寺に残る後水尾天皇中宮和子の遺品が最も古い。この文様は実際の纐纈でなく臈纈で白抜きされた上に駒刺繍がなされている。またその四幅形式の伝統をうけるものが伊勢神宮の御神宝にもある。

唐衣の下は表着で、平安時代と異なり打衣は袿《うちき》の下になる。袿は五つ衣と呼ばれ、五枚重ね、衽《おくみ》に綿を入れる。打衣の下は単である。紅《あか》の打袴《うちばかま》に紅精好の袴を重ねてはき、扇も美しい絵文様のある檜扇(大翳《おおかざし》、衵《あこめ》扇《おうぎ》)、帖紙を持っている。髪形は下げ髪に玉かもじをつけて平額《ひらびたい》、釵子《さいし》、櫛《くし》を飾る。この三種の飾りを「おしやし」とも呼んでいる。これは桃山、江戸前期の姿で、江戸後期になると髪形は鬢のはり出した「大すべらかし」となる。この図は後水尾天皇中宮和子の遺品を復原したもので、はじめて着装ここに披露するものである。重量感に溢れている。

小袖姿の慶長頃の上流婦人

江戸時代

Woman of the upper class in *kosode* (short-sleeved kimono) of Keichō period.

平安時代には下着としての存在であった小袖が鎌倉時代から室町時代へと表着として用いられるに従って、白或いは単色無文のものから彩色、文様をおびて服飾の表面へと進化してくる。

形状は45糎幅を基準とする布幅の裁断によって身二幅、袖半幅使い、袖口狭く、襟肩明きの狭く襟丈が長く立褄の短く、衽幅の広いもので裄が短く身幅が広く着にくいものであった。この為に小袖の上から帯で締めずに用いる打掛が用いられるのも袿の褻の姿の名残りとも思われる。

時代が桃山、江戸へと移り変わるに従って、小袖の多用度が増し、やがて布幅は着用に便利な33糎幅前後に移行し、その形態も定着して今日に至っている。

染文様も室町時代の辻ケ花染といわれるものから桃山時代の縫箔といわれる刺繍と摺箔を中心としたものや唐織なども用いられたが、江戸初期には絞り染と摺箔、刺繍を以ってする文様で素材の生地がほとんど埋めつくされた一種の極限迄の美化が行われた。これがいわゆる慶長の地無し小袖といわれるもので、辻ケ花染から花開いた小袖の染文様は慶長の小袖で最高潮に達したと云える。

この技術も奢侈禁止令などの他動的要素と友禅の開花による自動的要素により消えて行く。

近世初頭の染繍の小袖について、室町後期を前期とすれば中期は桃山盛期であり、後期は慶長時代ということになる。

これは辻ケ花染と桃山盛期の縫箔の長所を合わせたような慶長小袖の遺品を模して復原したものである。細い帯で締めている姿としたが、更にこの上に外出の際には小袖を被《かづ》いたとも思われる。

髪は上流婦人を表現して古風な下げ髪とした。

江戸前期小袖姿

江戸時代

Commoner in *kosode* (short-sleeved kimono) of the early Edo period.

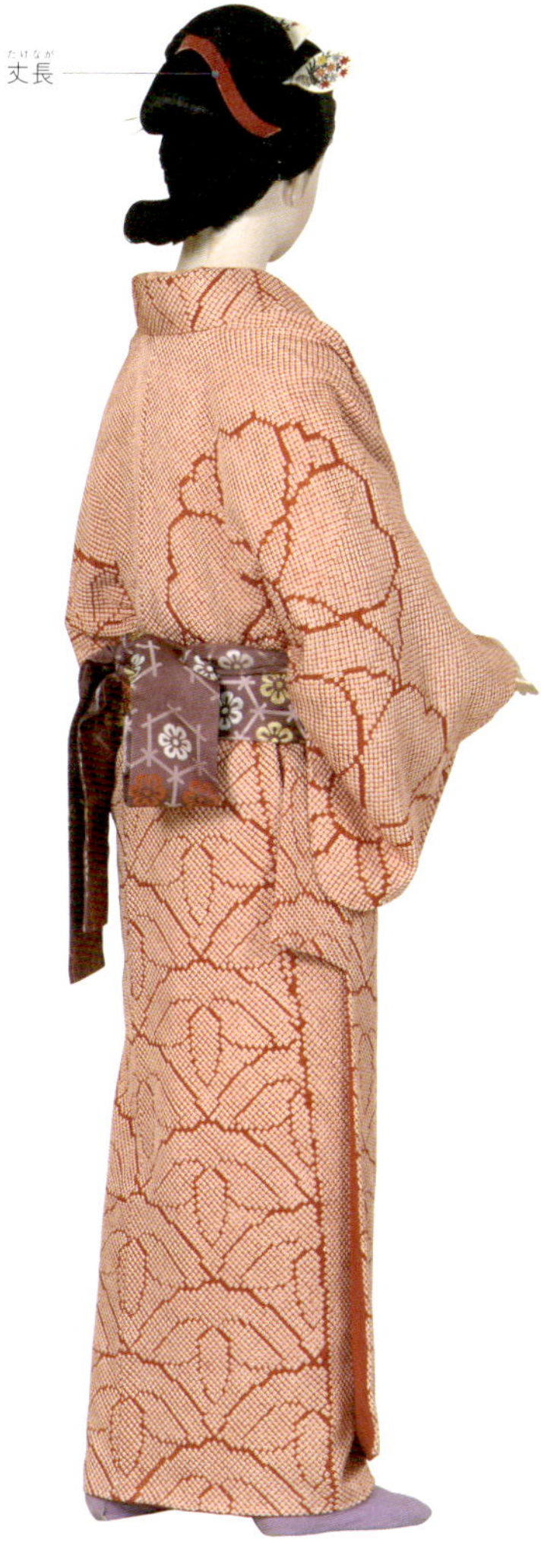
丈長《たけなが》

江戸時代は「小袖」即ち「きもの」の時代といえる。

小袖の原形は既に奈良時代に見られるが、それはあくまで上流の人達の下着であり、庶民の働き着であった。戦国時代をへて、名も無き人達が力を伸ばしてくるにつれて、小袖の地位は向上し、江戸時代には小袖は人々の基準の服装となって来た。

これは江戸前期寛文の頃の遺品をもとに考証を試みたもので、友禅の染法の流行直前ともいえる疋田鹿《ひったか》の子絞《こしぼ》りの大文様。雪持笹に桜が大きく描かれている。

小袖の寸法は鯨一尺巾の布を基準とした裁断となり、着やすい形となって来た。帯の巾もやや広くなっている。

髪は細く張り出た鶺鴒髱《せきれいづと》(かもめたぼ)の嶋田髷である。

元禄時代小袖姿

江戸時代

Commoner in *kosode* (short-sleeved kimono) of the middle Edo period.

帯《おび》（吉弥結びにしている）

江戸時代元禄の頃には防染の糊置きや描き絵による友禅染といわれる染の技術が流行した。

これは京に住む宮崎友禅斎の創案といわれているが生没年は不明で判然としない所もあり、また必ずしも彼一人の創案ではなく、当時の技術の進歩によって出来た小袖染色の画期的な表現が「ゆうぜん」の名で呼ばれたとも云える。

この文様をつける参考の為の図案集が「小袖雛形本」と呼ばれて刊行された。この現存する資料ではその上限は寛文6、7年の「御ひいながた」にはじまり、幕末文政頃で終わり、その間約百五十年現存するもの百数十種に及んでいる。

今回そのうちより元禄5年(1692)4月刊行の「小袖ひいながた」の第28及び第29の表及背面の図を出来るだけ忠実に模様を置いたが、拡大して描くと自然に差異が出来る。この雛形本は現寸の定率による縮小ではなく、雰囲気を表現してあるものなので現在雛形本通りの遺品を発見出来ないのも当然と思える。

本図のものはこの雛形本による小袖で萩、桔梗、すすきに秋という字を配したもの、帯は名物裂地の間道模様のものを歌舞伎俳優上村吉弥好みの当時流行の吉弥結びに締め、髪は髱《たぼ》(つと)が背にのびた鶺鴒髱《せきれいづと》(かもめ髱《たぼ》)とした。

江戸後期・正装の公家女房

江戸時代

Court lady in formal dress.

絵元結《えもっとい》
唐衣《からぎぬ》の髪置《かみおき》
紅
帖紙《たとう》
こびんさき
長髢《ながかもじ》
裳の大腰《おおごし》

平安時代中期以来の女官の晴れの正装で、俗にいう十二単である。応仁の大乱後、しきたりが不明となり特別の形が生まれ、江戸前期をへて、この姿が享保7年(1722)の御再興女房装束迄つづくが、その後、天明頃に京の町衆に流行した鬢を大きく張り出すいわゆる燈籠鬢が宮中の様式にもとり入れられて「大すべらかし」が作られるに至った、大すべらかしには玉かもじをつけて平額、釵子、櫛を飾る。この三種の飾りを「おしゃし」とも呼んでいる。裳には唐衣と共裂の刺繍入り懸(掛)帯が用いられ、小腰はない。引腰のあつかいは今日も完全にわかっていない。唐衣の下は表着で、平安時代と異なり打衣は袿の下になる。袿は五つ衣と呼ばれ、五枚重ね、裾や衽に綿を入れる。打衣の下は単である。紅の袴をはき、扇も美しい絵文様のある檜扇(衵扇《あこめおうぎ》・大翳《おおかざし》)、帖紙を持っている。ここに示すのは天明頃から天保14年(1843)平安朝の裳再興迄の姿とした。

紅の大腰袴をつけた公家女房

Court lady in everyday wear: *kosode* (short-sleeved kimono) and *ōgoshibakama* (skirt-trousers).

江戸時代

江戸時代後期には、白の小袖に紅の大腰袴《おおごしばかま》という特殊な幅広の腰《こし》(紐《ひも》)をつけた長袴を用いた。高級女官が天皇の御前においてのみ行われた特別の服装で、白の小袖の代わりに染繍のある色小袖を着用したこともあ

るという。
髪は中すべらかし、即ちお中《ちゅう》である。
結婚前の女子は袴の色は濃《こ》きである。着装の紅大腰袴は当時のもの。

江戸後期の大奥上臈夏の腰巻姿

江戸時代

Woman of the upper class in formal costume, *koshimaki* in *Ōoku* (the shogunate harem).

お長下げ(髪型)
絵元結《えもっとい》

江戸時代、徳川幕府における将軍の平常の居所は大奥と称されている。将軍に仕える女性達で、正室は御台《みだい》などと呼ばれ、その他側室もおり、出身の身分等により、上﨟、中﨟、お小姓、お側女中、更に御次女中、三の間詰、お使番、お仲居とわかれている。江戸初期、春日局という三位相当の称号を宮中より下賜されたこともあった。

大名家に於いても大奥に准じて大名平常の居所があり、いわゆる御殿女中と呼ばれる一群があった。

正室や姫君など正式には、五つ衣、表着、張袴など用いられた例もあり、皇室や公家から入輿される正室の婚儀には唐衣、裳、五つ衣の晴れの装束が用いられたが、通常は打掛或いは搔取に間着姿で袴は用いられない。また身分により打掛(搔取)はなく、綿入れ、小袖、単、帷子《かたびら》のものが用いられていた。

大奥の慣例は室町時代、足利将軍の例にならう所が多い。

しかし江戸時代も後期になると各種の例が定められるようになる。

室町、桃山時代に行われた打掛の夏姿としての腰巻も特異な姿として現れてくる。

5月5日より9月8日までの着用の料として間着は本辻と呼ばれるもので地白(表さらし麻、金銀色糸にて総縫模様、下重もさらし)、ここでは七宝つなぎ橘模様である。これは越後の某有力大名家正室所用のもので、江戸後期に実際に用いられたものである。この地白の他、地黒(表同、袖口紅羽二重下重袖口白羽二重)といわれるものも用いられることがある。

提帯《さげおび》は唐織や錦なども用いられ、ここでは萠黄地固地織に金糸で乱れ立涌が刺繡されたものを用いた。巾は初め曲二寸五分、後期には曲三寸五分、長さ曲一丈二尺でここでは江戸後期の寸法によった。

この提帯というのは結びの部分と本帯の部分にわかれ、結びの部分には手の所に芯が入り、固くされ、腰巻の袖がかけられるようになっている。結びの部分は別紐で胴に廻して締める。

腰巻は色黒が本式で、地練貫、金銀色糸にて総模様、裏紅練貫精好、初めは6、7月の間は生絹裏であったが後にはすべてこの練貫になっている。ここでは江戸後期の例により模様は宝づくしとした。

この腰巻姿は、はじめは4月1日より用いる定めであったが、後期には5月5日よりとなり、また末期の安政の頃には婚礼の儀式などの特別の場合にのみ用いられ、一般には腰巻姿は用いられなくなった。

髪はお長下げで前髪及び両鬢をおすべらかしのようにとり、髪を後ろへさげて長掛という髢《かもじ》をかけ、これに絵元結、小ひっさきを重ね、白紅水引をかける。この元結等のかけ方は一様でなく諸説が見られる。

持ち物は懐中に箱狭子《はこせこ》(箱迫)、袖扇は黒塗骨で地紙鳥の子絵模様がある。

公家姫君の私的な晴れ姿

江戸時代

Young unmarried woman of the nobility in full dress in private.

公家の姫君が自家の儀礼に出る時の晴れ姿である。髪はつぶいちという髷に櫛、花簪、平打をさし、紅縮緬の間着に、これも紅縮緬地桜菊などの総繍文様の掻《かい》取《どり》(打掛)を重ね、帯は中幅、繍または織物である。

江戸時代後期の姿である。

公家奥方の外出姿

江戸時代

Married woman of the nobility in a walking dress.

江戸後期、堂上家の夫人の外出姿で、紫地友禅繍文様の袷に、織物の附帯を丸絎《まるぐけ》の腰紐で結び、萠黄地繍文様の縮緬の掻取(打掛)をつぼ折りにして重ね、被衣《かづき》を頭上から着用した。江戸時代の被衣というのは普通の小袖とかわり、襟付けの繰越が前にきて被きやすくなっている。絽の紺色地、縹の松皮菱染文様、髷は下げ上げである。眉は作り眉で、上の方に半月形になっている。着装の品は当時のもの。

采女

江戸時代

A selected woman who serves on dinner for the Emperor.

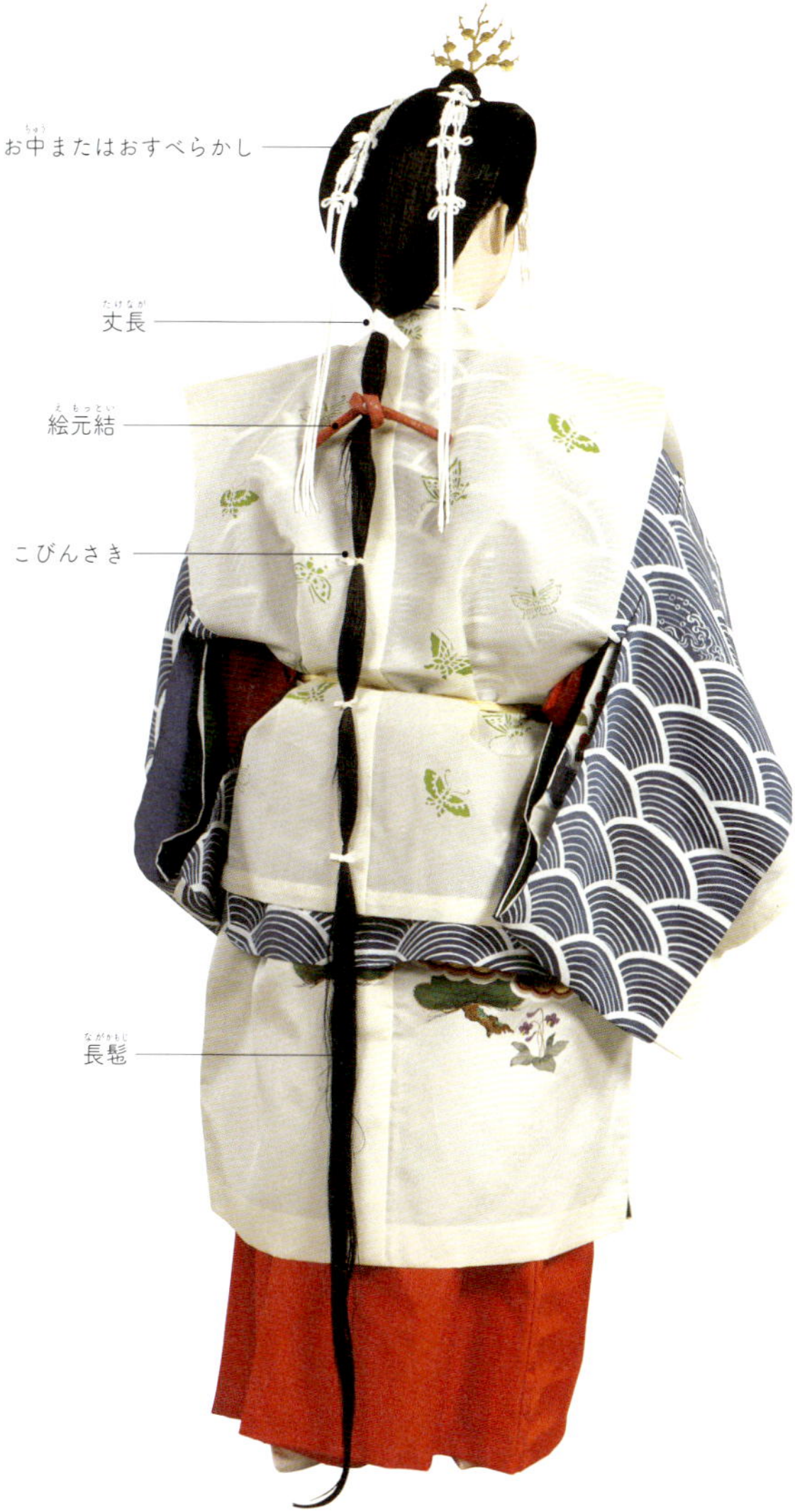
お中《ちゅう》またはおすべらかし
丈長《たけなが》
絵元結《えもっとい》
こびんさき
長髢《ながかもじ》

天皇に近侍して陪膳《ばいぜん》などの事にあたる後宮の女官で、うぬめ、うねめ、うねべという。

うねめというのは領巾《ひれ》を項《うなじ》にかける為とも艸童女《うないめ》即ち若い女の意とも云われているが、采とは采択《さいたく》する即ちえらびとるという意味で、采女は其の容色の美しい女でえらびあつめた女と云える。現在的に考えるとミス○○にも当たり、古くは広く地域的に集められたことが日本書紀巻二十五、孝徳天皇の項に次のように記されている。

大化二年正月甲子朔……凡采女者、貢二郡少領以上、姉妹及子女形容端正一従丁一人、従女二人、以二一百戸一充二采女一粮一

このように従者及び給与も定められている。

日本書紀巻十一、仁徳天皇の項に采女盤坂媛の語がはじめて見える。

しかし中国では後漢書鄧皇后紀に

置二美人宮人采女三等一

とあり、その名称は古い。

養老の令制には後宮十二司中の水司に六人の采女、膳司《かしはでつかさ》に六十人を置き宮内省に采女司を置いてこれを支配させていた。延喜の制には采女三十七人に宮城附近の地を賜ったことが見えているが次第にすたれ、鎌倉時代には陪膳采女、髪上采女の名がある。髪上采女というのは供膳に便宜の為に垂髪を結い上げたものとも、また女房達の御髪上《みぐしあげ》に奉仕する采女とも云われている。

室町時代には諸家の諸大夫の娘から選ばれ、江戸時代に及んでいる。後水尾院年中行事によると内侍所の刀自を兼帯する采女の他に「あちや」「あかか」と呼ばれる采女が奉仕していた。これは神職や官人の子女が任じられていたようである。

現在も大嘗祭、新嘗祭の時、天皇が天神地祇八百万神を祭られ、その年の新穀で作った、御飯《おもの》以外の神饌並びに白酒《しろき》、黒酒《くろき》を躬《みずか》ら供御される時、陪膳、後取《しんどり》以下之に奉仕する女官が采女の装束をつけて、その役をはたしている。

采女の装束の平安時代については西宮記(臨時4)に

内宮陪膳更衣、綾青色長袂袷襠云云　采女……旬日及尋常、青麹塵唐衣、裳、比礼等也

とあり、また「枕草子」には

「采女八人馬に乗せて引き出づめり、青裾濃の裳、裙帯、比礼などの風に吹きやられたる、いとおかし……」

と見え、裳、裙帯、比礼をつけた物の具装束であったことが判る。

鎌倉時代13世紀末の永仁御即位用途記の蔵人所に記されている供奉女房十人、今度六人の装束には

泥絵唐衣一領色目同、執翳、纐纈裳一腰裏黄色、腰同色平絹
裙帯比礼二筋紫染在二縫物一同前 簪一枚
平釵子二枚○中略

采女と同じ程度の女房に泥絵の唐衣をつけていたことが示されている。

江戸中期の采女装束は故実拾葉によると

絵衣《ぎぬ》　表白練或萠黄紋雲に椿花以レ色画裏生絹
衣　表生絹花色地紋青海波以レ紛画
袴　表裏紅平絹

とあり、ここでは青海波模様の衣を絵衣の下につけるだけで、江戸後期以降のように半身の唐衣(掛衣)はつけない。

しかしこの衣の花色は西宮記の青麴塵の色目を伝える青であり、粉を以って画くのは衣及絵衣ともあり、永仁御即位用途記の泥絵に通ずるものである。

故実叢書の女官装束着用次第では緑の掛衣(唐衣)に蝶の白刷りがあり、絵衣は表白、裏萠木雲、松、水、沢瀉模様であるが絵はこれに限らないと注記されている。下に萠黄色に白青海波の図の単をつけ、頭に額、櫛等をつけ紅の長袴になっている。これは先に述べた故実拾葉に示す所に青地蝶文様が加えられているこの故実叢書の形式の説として江馬務氏が『新修有職故実』に引用の異本装束図式による江戸初期女房装束の采女には掛衣として地生絹、萠黄胡粉絵飛蝶が前記の絵衣、単に加えられているので故実叢書の図はこれによったものと思われる。

江戸後期の享保7年(1722)御再興女房装束の采女は近代女房装束抄によると

唐衣　青生絹青海波の文様白彩色画
衣　白練絹松に椿源氏雲模様彩色画
袴　紅切袴
衣下　濃紅梅練絹
間　白練絹
下着　白羽二重

とある。

故実拾葉の衣の模様が唐衣(掛衣)となり、絵衣が衣として用いられ、単にあたる衣は省略され、袴は切袴となっている。

これは実用化された姿とも云える。

明治以後現在も用いられている装束について八束清貫氏はその著『装束の知識と著法』に於いて次のように述べられている。

采女服

その構成は髪上具《かみあげのぐ》、襅《ちはや》、唐衣《からぎぬ》、画衣《えぎぬ》、切袴、襪《しとうず》から

成立している。

と記し、髪上具には釵子に心葉を附けたものを用い、日蔭《ひかげ》の糸《いと》を附け、髪はお大で、略する時はお中、但し前髪はとらない。

襅は如形小忌と同形の身二幅で袖なしの半身、文様は蝶と草花の青摺り。

唐衣は普通の唐衣と異なって一幅の袖があり、衽もあり、緑染の生絹に胡粉で青海波を描き長さは半身、襅の下に着る。

画衣は白練衣の帛で作り金銀の雲形、松椿及び春草の彩色画を置き、裏は萠黄の平絹で表着《うわぎ》と同形で普通裾は引かずにからげられる。

切袴は緋精好(裏も同様)で作る。

現存する明治、大正の遺物の唐衣(掛衣)は緑でなく青になっている。八束氏の著装法は襅、唐衣(掛衣)は掛け放ちで締めるものがないようであるが、現在は各々麻(苧)を以って括るのが例になっている。

八束氏の説の襅は采女装束本来のものでなく、現在は大嘗祭、新嘗祭の神事にのみ用いられているので如形小忌とも云える襅が附加されている現況を述べておられると思える。

以上要するに享保以前には青海波模様が単として画衣の下に用いられ袴は長袴であり、享保以後は青海波模様が唐衣(掛衣)として用いられ、袴が切袴となっている。

また享保以後のものは衣下の小袖が濃紅梅であるのに対し、明治以降は白練絹に変わっており、神事用として襅(如形小忌)が加えられている。

今回復原したものは明治、大正時代の遺物を参照して江戸後期を想定した。

島原太夫晴れ姿

江戸時代

Shimabara Tayū a most high class prostitute in Shimabara Kyoto.

太夫というのは元来中国にならった官位の称号で、五位相当の職で公家では殿上人であり、江戸時代でいえば大名に当たる地位で、遊芸人の敬称に用いられた。江戸時代には高級な遊女を太夫の名で呼ぶようになり、特に京都の遊廓は伝統と権威を誇っていたので、太夫といえば島原ということになる。京都で「くるわ」が公認されたのは応永年中で、足利義満が許可した九条の里で、応仁の大乱後二条万里小路に移り大きな柳が二本あったので柳町といわれ、今もその跡を柳馬場といっている。公許は天正17年(1589)で更に慶長7年(1602)六条に移り、六条三筋町といわれ吉野太夫は才色兼備として今なおその名が知られている。その後、都市の発展にしたがい、都市部を離れ郊外に追われた、これが現在の島原で、正しい地名は西新屋敷という。寛永17年(1640)この地に移転した時の騒ぎが当時の大事件であった島原の乱にも似ていたので、人々はここを島原と称したと伝えられている。

島原の太夫の装いがその頃から今のようであったわけではない。江戸時代を通じ、ますます豪華になってついに幕末を迎えた。ここではその頃を想定した。髪は京風の兵庫、前髪にはべっこうの大櫛に八本の笄、後髪には六本前後左右に前びら、櫛止め、花かんざしなど十種以上、目方はしめて3kg、太夫道中の時には6kgにも及ぶという。緋の長襦袢に白の刺繍のかけ襟、襟は折り返して裏の緋をのぞかせている。中着は裾綿入りの三枚重ね。一番上の間着にはいわゆる島原褄といわれる刺繍の文様がある。これは褄から衽、胸にかけて拡がっているものをいう。次は白地、三枚目は緑地、幅広の帯を前でのし結びにしてその上から美しい打掛をかける。打掛の文様は自由であるが、ここでは黒地に紋づくしの文様とした。足は古式のままに素足である。道中には三枚歯の黒塗りの下駄をはく。三枚歯の下駄は文化、文政のころからのものといわれ、夏冬通じてこの姿である。戦後公娼廃止となり、現在の太夫は観光客のためにその形を保持し、芸妓として伝統を残している。

Geisha in summer *kimono.*

夏の晴着の歌妓

江戸時代

江戸後期の江戸芸妓の夏の普通晴れ着で、五つ紋付のうすものの単衣《ひとえ》に九寸巾の丸帯を後ろ結びにしている。髷は嶋田髷で鼈甲製笄《こうがい》、櫛と銀平打等をさしている。

小町踊

江戸時代

Komachi-odori popular dance in Kyoto, performed by beautiful girls.

七夕踊りの一つで寛永11年（1634）徳川家光が上洛した時、京の町娘がこれを歓迎して、七夕の夜、京中を踊りまわったのに始まるという。

朱の日傘のまわりを太鼓を叩いて踊ったといわれ、江戸時代長く京の町に盛んに行われた。頭に造花をつけた鉢巻をしめ片袖をぬぎ帯をしめ、襷を左肩から掛け小さい太鼓を持っている。

袖頭巾をかぶる婦人

Woman wearing a *sode-zukin* hood.

江戸時代

江戸後期の婦人の路上姿。かぶっているのは御高《おこ》祖《そ》頭巾《ずきん》。御高祖頭巾は一名袖《そで》頭巾といわれ、衣服の袖の形をしていて、袖口から顔を出すようになっている。もと伝教大師が桓武天皇から許されたという袖型の布に由来する帽子《もうす》は、高位の僧にのみ勅許されたもので、日蓮上人もこれを許されたと考えられ、一般の人が高祖といえば日蓮上人を指すように思われる。これから転じて御高祖頭巾の名が生まれた。享保の俳書『さくらかがみ』の句に、「花盛りそれかあらぬか袖頭巾」とあるので、享保以前より用いられていたように思われる。

　僧のものは白、または縹であるが、これは黒縮緬に紅絹《もみ》裏のもの。

大津絵に描かれた藤娘

江戸時代

Fuji-musume or Wisteria maiden of *Ōtsu-e* which are the folk-paintings by unknown artisans.

無名の画家によって描かれた民衆的絵画として人々に安価で頒けられた大津絵は、京都から大津へ行く東海道追分のあたりで売られたのでこの名がある。

有名な芭蕉の句に「大津絵の筆の始めは何仏」というのがある。

江戸前期寛文(1661〜1673)には既に一応形成されていたと云われている。其の後、近松門左衛門が宝永2年(1705)に書いた脚本「傾城反魂香」によって吃の又平が始祖等と云われたが、何等歴史的根拠のあるものとも思えない。

最初は仏画よりはじまり、道訓的意味から後には戯画として鬼の念仏、瓢簞鯰、座頭外法梯子剃《げほうはしごそり》、雷と太鼓、釣鐘弁慶、矢の根五郎、鷹匠、槍持奴、藤娘等が描かれ、江戸末期迄うけ継がれたが、明治初年に途絶えた。大津絵はまた舞踊などにも取り入れられた。

ここに示した藤娘はその代表的なものの一つで、黒塗りの笠をかぶり、藤の枝を持つ振袖姿で、江戸中期の町娘の風俗を表現しているものと云える。

等身大の享保雛　女雛

江戸時代

Empress doll of the girl's festival in life-size at Kyōhō period which is middle Edo era.

金元結《きんもっとい》
裳《も》

この雛飾りは公家の男女一対を飾るので公家の頂点にある天皇さまになぞらえ、内裏雛と呼ばれ、やがて随身、官女、五人囃、仕丁、桜、橘を飾り、供えものをし、嫁入道具を並べるなどと発展して来た。
また地方にもそれぞれ特異な雛などをつくり出して来た。ここに出したのは、江戸中期頃と云われる享保雛を「ひな」ではなく等身大のものとして示してみた。男雛の袍の前が特に異様なのは、中国清朝の袍などを見聞したことから取り入れられたものではないかと思える。
元禄時代の歌舞伎の服装の四天にも中国、清朝服装の影響が窺えるので、荒唐、無稽と一笑に附せないものがあるのではなかろうか。
享保雛の男雛の冠は垂纓で、女雛は天冠をかぶり、袿などには袖、衽、裾に綿が入れられ、また男雛の袍と女雛の表着、袿などは通常同じ材質の金襴が使用されている。

文楽人形

A doll of the *Bunraku* puppet show.

江戸時代

嶋田髷（髪型）
立結びの帯

人形とは人間の姿の模型であり、小型が普通で、古くは埴輪に、後には平面的に板につくられ「ひとがた」と呼ばれ、厄払いや願い、また呪いにも用いられた。平面的であった人形が、8・9世紀頃から傀儡子《くぐつ》という立体的な「あやつり人形」を操る職業人が生まれ、神託や霊験をひろめることから次第に娯楽化され、芸術的傾向を佩《お》びて、街頭芸術であったものが、浄瑠璃語りと結び合って、人形遣いと語り手との連絡が始まった。

浄瑠璃の発生も室町時代中期で、嘗て平家物語を琵琶の伴奏で語っていた状態から16世紀中期、琉球から伝来した弦楽器が改良されて三味線となり、軽快で哀婉な音律がおこり、浄瑠璃はこの新楽器を伴奏とし語り物として進展し、操り人形と結合したのは16世紀末、慶長の初めであった。

貞享元年(1684)竹本義太夫は大坂道頓堀に竹本座を建て、近松門左衛門の協力を得て評判となり、これより、浄瑠璃というと義太夫節を意味する程になった。また、その弟子豊竹若太夫が豊竹坐を興し、両座ともに栄え「竹豊時代」といわれる盛期を迎えたが、明和4年(1767)には両座とも廃れた。その後、文化年間19世紀初め、淡路島から出た植村文楽軒が大坂高津橋南詰めに人形浄瑠璃の小屋を建て、その後劇場の移館を機に「文楽座」と称し、明治を迎え、別に彦六座も出来たが後にこれを包含し、「文楽」は人形浄瑠璃と同意語として用いられるようになった。

繰り人形の頭は、はじめは土製であったが、江戸初期、京都の工人によって木製になったといわれている。

人形の繰り方は、直接手で遣う式と糸で操る式との二つがある。直接手で遣う差込み式が変化して主遣い、左遣い、足遣いの三人で遣う様式になった。現在の文楽で行っている様式である。

人形は頭、胴、胴串、手、足とそれにつける衣裳から成り立っている。衣裳はその都度着付けられ、その構成や文様も人形遣いが自ら考案するもので、人形の魅力はやはりその頭で、男女、年齢、身分、性格に応じていろいろな種類が考案されている。瞼の開閉、眉の動き、口の開閉、変化ものの顔全体の変化等各種の工夫がなされて生き生きとした表情を作り出すことになった。その役に応じ主役を演ずる立役、老役《ふけ》、女形《おやま》、子役、ちゃり(滑稽)、特別な一役《いちやく》がしら、端役のつめがしら等に分類されている。

掲載のものは女形のかしらで娘といわれるものであるが、未婚の女性よりも若女房の艶と哀れさが感じられる。髪は嶋田髷、鼠色縮緬に腰高文様の小袖、黒朱子の帯を立結びにした武家腰元風で、緋の帯締めをし、この頭は通例の娘風で瞼の動きはないが特に足がつけられている。女形には通常足をつけないが、特別の役の時につける。これはその例である。江戸後期の名残をもつ若嫁姿であるが、この人形は明治時代のものである。

A quilt like a garment in the Edo era.

夜着

江戸時代

これは江戸中期北国の大名の嫁入道具の一つであったもので、寝具として用いられたもの。

寝具には長方形の「ふとん」と、襟袖のついた夜着の系列がある。夜着という名称は桃山時代頃からで、江戸時代には井原西鶴の「好色一代男」にもその語が見えている。和漢三才図会(1712年成立)には倭の夜着は常衣の如く濶大にして一身有半とあり、嬉遊笑覧には是を「おひえ」とも「北のもの」と名づけたと書かれている、また「守貞漫稿」に記されている寸法と全く同じである。

これ程優美で保存の完全な夜着は他に例がすくないと思える。

江戸時代後期の夏の帷子の小袖

Kosode (kimono) or a summer cloth in the latter Edo era.

江戸時代

白麻地単仕立の帷子で、同じ麻布が襲《かさね》としてつけられ、身脇、衽つけ、袖つけ等は縫い合わされている。また襟、袖口には紅絹《もみ》がつけられている。七宝、梅、橘模様の彩糸、金糸の刺繍と摺匹田による総模様である。

袖は振りなしの留袖で袖丈鯨一尺二寸(45㎝)、袖幅鯨八寸四分五厘(32㎝)、裄《ゆき》鯨一尺六寸八分(64㎝)、身丈鯨四尺五寸(1m 70㎝)、襟下鯨二尺四寸五分(93㎝)、後身幅鯨七寸八分(29・5㎝)、前身幅鯨六寸三分(24㎝)、衽《おくみ》幅鯨五寸(19㎝)。大名家奥方の夏7月打掛下の間着として用いられたものと思われる。

白無垢花嫁

A bride in pure white dress.

江戸時代

花嫁装束には純白が尊ばれ、平安時代に薄蘇芳の表着の下に白袿八枚を重ねて用いられ、室町時代には婚礼の法式等が定まると白打掛に白小袖の制が行われた。「白無垢」といわれるもので、この様式が長く今日に伝わっている。間着には極限の白という意味でやや淡青味をおびた「太白」といわれる薄色をつけたものが用いられている。また、吉事を意味して打掛等に紅絹《もみ》裏がつけられている。江戸時代には高級の武家や

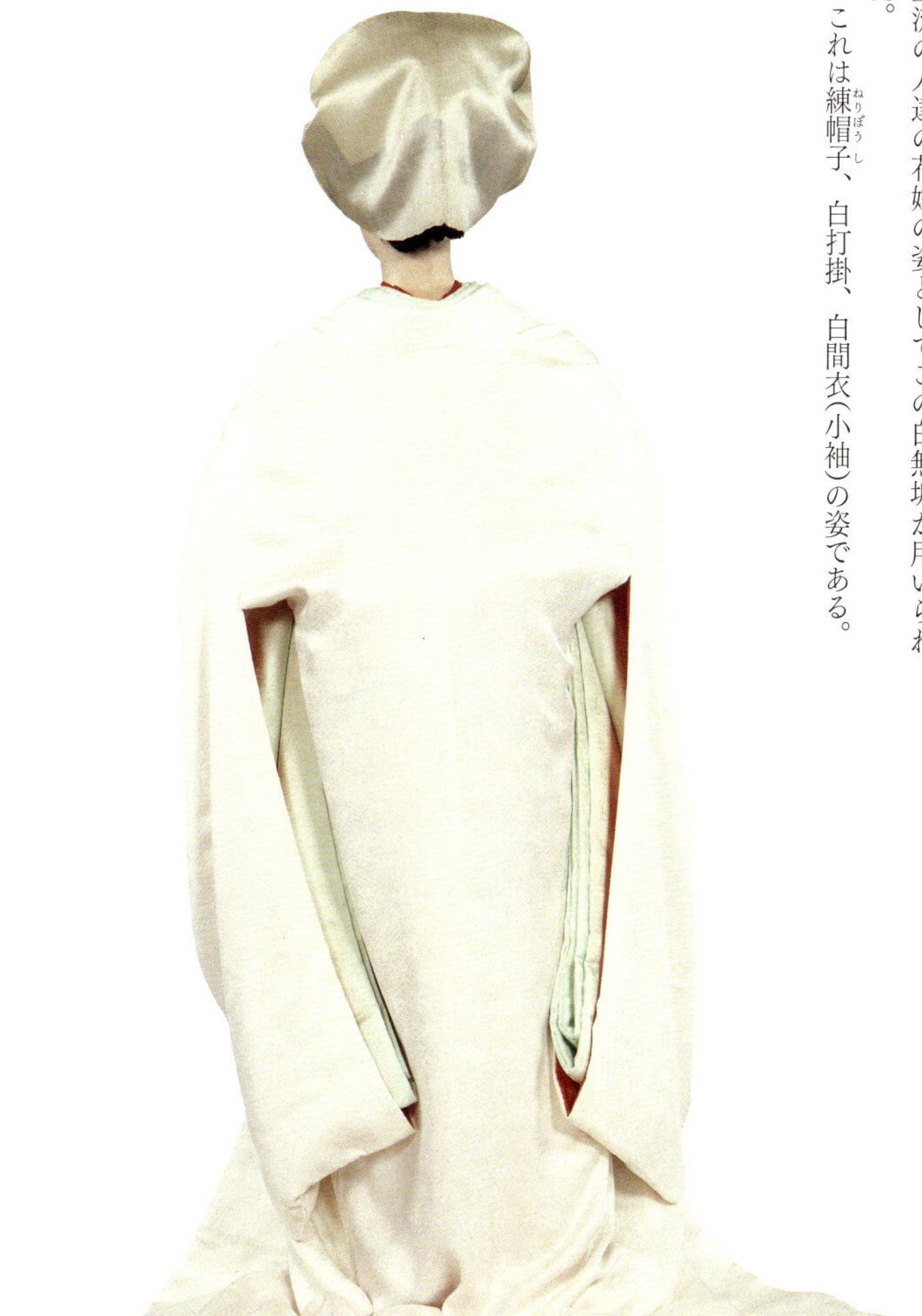

上流の人達の花嫁の姿としてこの白無垢が用いられた。

これは練帽子《ねりぼうし》、白打掛、白間衣（小袖）の姿である。

京の豪商の娘・婚礼色直し

江戸時代

A wedding dress of a young woman of an upper class mechant.

江戸後期、上方の町家《ちょうか》の娘の晴れ姿で、髪は京風嶋田で緋地縮緬、金糸唐草に松竹梅、刺繡の島原棲（すそ綿入）、襟、袖口文様の間着に織物の帯を後ろ結びにし、その上から緋色綸子、鹿の子絞り刺繡の亀甲つなぎに鶴、亀甲、笹文様の打掛を打ちかけた冬の晴れ姿である。着装のものは文化2年（１８０５）生まれの京都の旧家で薬種商紀の国屋五代妻和賀が嫁入の際持参したもので、婚礼の色直しに用いたものである。

この形式は町家というよりも、結髪の嶋田を除けば、むしろ公家姫君のものを思わせるものである。紀の国屋は用達として東本願寺の寺侍を兼ね、士分となっていたので公家姫君に準じた服装が許されたものと思われる。町家であって公家の士分の地位を取得している豪商の例は多い。

間着が小袖になっているのは、結婚後を意味している。

町家の若嫁

江戸時代

Young wife of the merchant's family in *kosode.*

江戸後期、上方の町家《ちょうか》の若嫁の晴れ姿で、髪は先笄《さっこう》髷、納戸《なんど》色《いろ》固《こ》龍文《りゅうもん》縫取《ぬいとり》裾《すそ》文様《もよう》の小袖に、縹色綸子の下着を襲《かさね》にし、織物の帯を後ろ結びにしている。路上の姿なので小袖をからげている。着装の小袖は天保8年(1837)生まれの京都の旧家で薬種商紀の国屋六代目妻、琴《こと》が使用したものである。

町方女房前帯姿

江戸時代

A typical fashion of city dweller's wife knotting her sash on her belly.

前で帯をするということは、衣服をまとめる紐であるのが本来とすれば当然のことであり、古墳時代の埴輪にも、また平安時代の束帯の飾剣をつける平緒も前に結びたれている。ただ、着装の必要上、脇に結ぶことはあっても、背後で結ぶのは、背面の姿を美化する為であり帯幅が広くなった結果として行動の便宜さも考えられる。

江戸初期、明暦、万治（1655～1660）以降、帯幅が広くなってからも、西川祐信の絵に見るように前帯が見られ、島原の遊女等にはその風が今日も伝承されている。

華やかさを願う若い娘達や型を重んずる公、武家に背面結びが取り入れられた後も控え目を徳と考えていた一般町方の妻女にその古風が残ったのではなかろうか。宝暦12年（1762）刊の『歌舞妓事始』には特異な解釈があるが、その中に瀬川菊之丞曰くとして「前帯したる時は、気のふける物ぞかし、女は色を元とすれば後結びを本義とす」とあり、之をうけて文化10年（1813）刊の『都風俗化粧伝』に解説がある。ここでは、前帯について「専ら内室のむすび方なれども、大いなる略儀成り……」と書かれているが、更に曰く、「ここに図する所は、今、専ら人のむすぶところを写す……」とある。すなわち文化の頃、広く中年以上の妻女の正装とされたもので、俗に「後室帯」などと称されている。

江戸その他、地方に依ってはその用い方は少なく、京阪地方には広く用いられたもので、その風は大正初年にも及んでいる。

筆者の母が大正2年（1913）に結婚式を挙げた時の記念写真では父、母の双方の母親ともに揚帽子に黒紋付前帯姿で写っている。

ここに示すのは文化頃の京都の中年妻女の外出姿で、練帽子をかぶり、薄茶地縮緬に藤の裾文様の紋付綿入小袖を着て、前帯をつけ、腰でからげている。

下女

江戸時代

A young housemaid in a merchant's family.

江戸後期上方町家《ちょうか》の召使いの小女の姿で髪はかけおろし(嶋田)縞木綿の小袖に帯を後ろ結びにしている。着装の小袖も紀の国屋に於いて用いられたものである。

婦女結髪模型、14種

Old hair styles for women (miniature).

平安時代　下げ髪（垂髪）
公家堂上方に用いられる。

室町時代　下げ髪（垂髪）
高級武家方に用いられる。

桃山時代　下げ髪（垂髪）
高級武家方に用いられる。

江戸時代中期　唐輪
中国婦人の髪の模倣で一部の人達に用いられ、
後、遊女などが好んで用いた。

江戸時代中期　箱嶋田
遊女などが好んで結った。

江戸時代後期　吹輪
勝山に近い形式で、大名等の娘が、おはぐろをつけ、まだ眉を剃らぬ頃に結う。

江戸時代後期　志の字
片外しをくずした装いで嶋田崩ともいい、幕府、
大名家などの末の女中が用いる。

江戸時代後期　つぶいち
公家の娘や女官見習の人々の髷で、公家風の嶋
田ともいえる。

江戸時代後期　つぶし嶋田
嶋田の中央を細くしたもので、町娘、旅人宿の
女中などが用いた。

江戸時代後期　京風
江戸末期の京の娘の髷である。

江戸時代後期　横兵庫
髷が大きく左右を接近させた形で頭上に大きな二つの山がある。

江戸時代後期　両手(両輪)
勝山と笄髷から変化したもので、京阪の妻女が用いた。

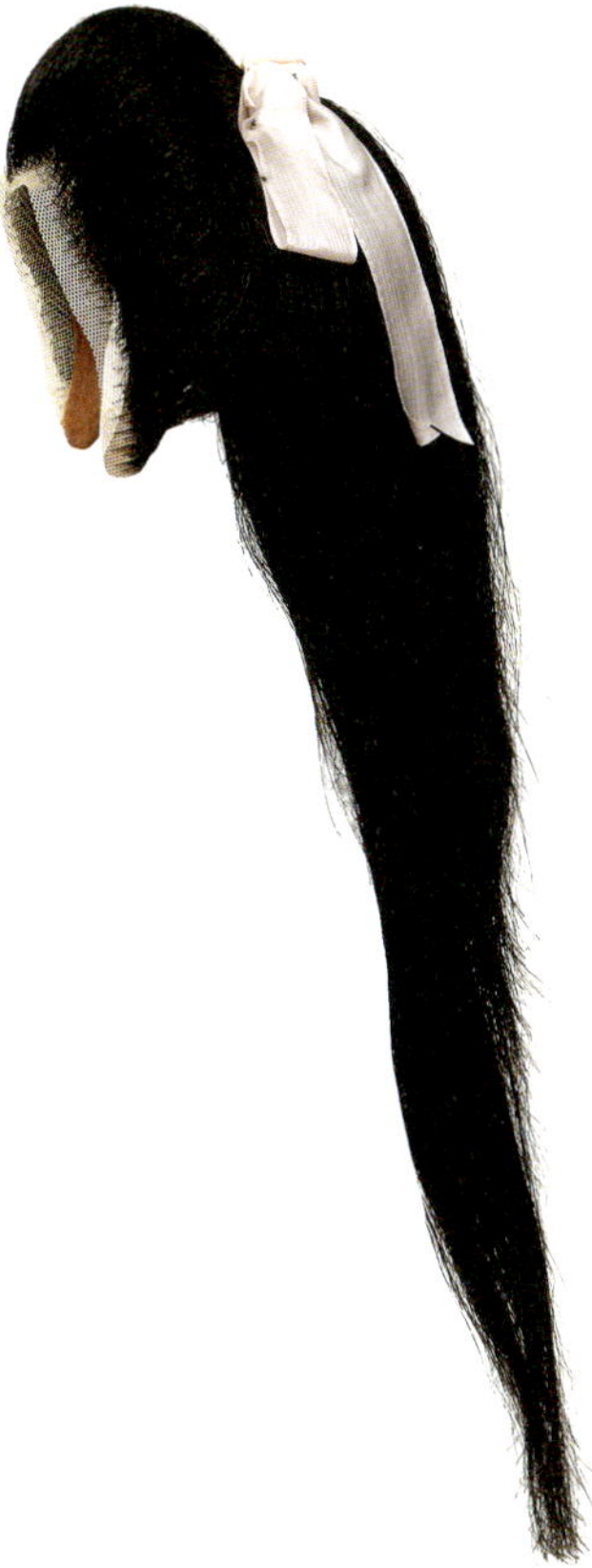

明治、鹿鳴館時代　洋風
洋風化の風潮にのり、加うるに従来の日本髪の経済上、衛生上の不便を理由に洋風の束髪が用い出された。

江戸時代後期　おすべらかし
前髪をとり、髪を大きく膨らせたもので、最上級の髪風として官廷女官の正装に用い、徳川幕府でも御台所や息女は大礼の時に用いた。

婦人用袋もの

Small bags for ladies.

袋ものは繊維や皮革だけでなく金属、象牙等を含む綜合工芸品であり、袋を腰に佩《お》びた歴史は古く、燧袋を大刀の一の根に付けて提げられたことなど既に古事記の日本武尊東夷征伐の条に見られる。また、宮中出仕の身分の印としての文武天皇大宝元年（701）の袋様、元正天皇養老2年（718）の位袋の制などがある。

袋を大別すると一つは身に佩びるものであり、他は衣服や道具を収納するものとなる。

衣服を収納するものに上刺袋や、とのい袋があり、また香嚢や守り袋の類には身につけるものも、室に置くものもあり、楽器、武具、茶器、文書を格納するものもある。身に佩びるものとしては、（イ）腰に佩びるもの、（ロ）懐中するもの、（ハ）手に提げるものとなる。このうち（ハ）については手に提げまた頭に載せることも、肩にかつぐこともある。

ここでは、袋様、位袋を除き一般的な（イ）の腰佩物と（ロ）の懐中物を取り上げることとし、特に婦人用のものを中心として示すこととした。

江戸中期、小袖を主流とする服装態勢の完成とともに身に佩びる袋物は広範な用途を持つこととなり、嚢物を作る仕事も独立した職業と考えられるようになった。腰佩物には、巾着《きんちゃく》、印籠《いんろう》、薬籠《やくろう》、守袋、早道、銭入れ、前巾着、提煙草入れなどがある。

懐中物には胴乱、懐紙、歌袋、紙ふくさ、紙挟、どんぶり（大きな袋）、寸袋（小さな袋）、財布や袂《たもと》落し、紙入れ、小物入れ、懐中用煙草入れ、明治になっては蟇口や近くは弗入れ、名刺入れなどがある。

特に婦人用の懐中物には筥迫《はこせこ》という紙挟みの発展したものがあり、この中に鏡を入れたり、また紙挟みの中に挟んで持ち歩いたのであった。

江戸中期以降婦人の持ちものとされた袋ものには染織、皮革、象牙、金属とすぐれた工芸品が多く見られる。ここでは江戸末期から明治にかけての優れた婦人用の袋ものを掲載した。これらは久邇宮邦彦王妃俔子《ちかこ》殿下(明治12年10月19日生)、及び徳川十三代将軍家定公の上臈であった橋本勝光院(姉小路局)、貞明皇后元女官長清水谷英子氏御所用のものや三河の桜井・松平家旧蔵のもの、其の他であり、紙入れ、鏡入れ、小物入れ、煙草入れ、小物入れ下げ袋、袂落し、大形巾着、巾着、大形銭袋、筥迫などである。

(3)

(4)

(5)

(7)

(8)

久邇宮俔《ちか》子《こ》妃殿下御所用(其ノ一)

(1)黄地網目に花輪文様縫いつぶし「紙入れ」
(2)馬毛無地「紙入れ」
(3)緋地蝶文様　お細工もの「紙入れ」
(4)茶地鶴文様縫いつぶし「小物入れ」

(5)金地綴れ織竹笹文様「小物入れ」
(6)紫地蝶文様(開・白鷺文様)　お細工もの「紙入れ」
(7)水色地鶴文様織「紙入れ」(鏡入れ)
(8)革茶地、ステッチ、葵紋金具付「小物入れ」(鏡入れ)

(1)
(2)
(6)

(4)

(5)

(6)

(7)

久邇宮俔子妃殿下　御所用(其ノ二)

(1)緋地鶴文様刺繡入「煙草入れ」
(2)金地綴れ織燕子花文様「煙草入れ」
(3)緋地鶴文様刺繡入「煙草入れ」
(4)綴れ織紫地南天花実文様「煙草入れ」

(5)紅葉文様　お細工もの「細型小物入れ」
(6)花文様　お細工もの「細型小物入れ」
(7)綴れ織紫地藤花文様「紙入れ」

(1)

(2)

(3)

久邇宮俔子妃殿下　御所用(其ノ三)

(1)十六菊文様金襴「小物入れ下げ袋」
(2)梅文様縫いとり裂「小物入れ」
(3)長命官貴文様織「小物入れ」
(4)黄地冠文様「紙入れ」
(5)編物裂・銀鎖付「袂落し」

(6)金茶地織「小物入れ」
(7)金茶地織「小物入れ」
(8)緑地織「小物入れ」
(9)白地織「小物入れ」
(10)茶地「小物入れ」

(1)

(4)

(2)

(5)

(3)

姉小路局所用
（1）金地鶴文様綴れ織「煙草入れ」
（2）白地有織文様「煙草入れ」
（3）萠黄地雲形文様金襴「煙草入れ」

貞明皇后元女官長「清水谷英子女史」所用
（4）紫地手付籠に寿草文様織「小形紙入れ」
三河「桜井・松平家」旧蔵
（5）南洋人夫婦図織「ハンドバッグ」
（6）金茶地草花文刺繡「ハンドバッグ」

（5）

（6）

(1)

(2)

(3)

(4)

（1）緋地羅紗製鯉に流水文様総繡「箱迫」
（2）緋地羅紗製蝶に藤花図総繡「箱迫」
（3）緑地蝶文様有職文様織「箱迫」
（4）茶地天鵞絨製鷹に流水図総繡「箱迫」（銀製ビラビラ簪付）

（5）緋地羅紗製八ツ橋図総繡「箱迫」
（6）緋地羅紗製竹籠に草花文様金糸刺繡「巾着」
（7）緋地羅紗製鯉の滝上り図「巾着」

（3）

（6）　（7）

(1)

(2)

(4)

(5)

洋風の摂取

明治・大正・昭和前期

明治は大変乱の時期であり、先ず朝廷における祭儀の服装として、天皇及び女官の古式を尋ねるとともに、西欧文化の影響による洋装化が急激にすすみ、大礼服や文官の階級、職種に従い各種の服制が成立。爵服も登場。武官にあっては陸海軍の別にその姿を示した。尚即位式には平安時代以来の伝統が強く遺されている事は事実である。

大正、昭和の庶民の装い、働く人の姿も世相を偲ばせる。

皇族女子盛装

明治・大正時代

On-itsuginu, On-karaginu and On-mo a full dress for Her Majesty the Empress and court ladies.

大《お》すべらかし(髪型)
絵元結《えもっとい》
紅《くれない》
こびんさき
裳《も》の大腰《おおごし》
長髢《ながかもじ》
裳《も》
裳《も》の引腰《ひきごし》

即位礼の時皇后陛下が御帳台に昇られる時もこの形式の御盛装で、「おんいつつぎぬ、おんからぎぬ、おんも」と云う。その前に列立される皇族妃、後方に侍立する女官の服装もまた同様である。この場合は敬称の「お」「おん」はつけない。

服(白小袖)に長袴をつけ、その上に単、五つ衣、打衣、表着を重ね、唐衣、裳をつける。女儀の服色は総じて御好みもあり時々変化するので、必ずしも一様でない。これが俗に十二単といわれるもので、ここでは単にその形状の例を示した。

髪型は大すべらかしで、江戸後期以来の形式である。

皇后、皇族は唐衣、表着とも二陪織、色は白、赤、青色が最も重く、打衣にも菱紋などの文が用いられる。この形式の御装束は即位礼当日紫宸殿の儀、即位礼及び大嘗祭後神宮に親謁の儀にも御召しになる。

皇后の御服にはその他帛御服があり、これは大礼の時、即位礼当日賢所大前の儀及び大嘗祭に用いられる。

また、御五つ衣、御小袿、御長袴がある。これは最も多く用いられるもので、大礼の時、宮中三殿に期日奉告の儀、即位礼後一日賢所御神楽の儀、京都より還幸後に於ける賢所神楽の儀及び皇霊殿神殿に新謁の儀を始め、年中恒例の大祭、小祭を通じて用いられる。

Lady-in-waiting in ceremonial dress.

女官袿袴礼服

明治・大正時代

丈長《たけなが》
黒元結《くろもっとい》

従来の長袴にかえ明治13年勅任官夫人の袿袴《けいこ》に切袴が採用され、明治17年には婦人の高等官または高等官夫人に内達として礼服、通常礼服、通常服の三種と定められた。即位礼並びに大嘗祭に参列する前記婦人はこの袿袴の礼服を着用した。

明治17年内達の礼服の袿は冬の地は唐織色目地紋勝手、夏の地は紗二重織、色目地紋勝手、通常礼服の時は冬の地は繻珍、緞子其の他織物で色目地紋勝手、夏の地は紗、色目地紋勝手。

通常服は、冬の地は緞子、紗綾、綾羽二重、平絹等色目勝手。夏の地は生絹、紗、絽等色目勝手であった。即ち礼服は二重織物、通常礼服は先染の地文様のある織物、通常服は後染の地文様入り、または地文様なしということになる。袴はともに緋の切袴である。また、単は礼服の時だけ用いられ、其の他の時は用いられていない。

大正4年の改正ではこの通常礼服が通常服となり、従前の通常服が廃止された。即ち地質によりこれを礼服と通常服の二種とし、洋装とともに用いられていた。図はこのとき改正したものである(次項も同様)。

図の髪型は鬘を張った「おさえ」になっているが、垂髪(ときさげ)(鬘を張らない)が用いられている。

女官袿袴通常服

Lady-in-waiting in regular dress.

明治・大正時代

ここでは歩行のため袿袴の袿をつぼにからげて着用した姿を示した。第二次大戦後この制度は廃止され、白襟紋付に改められたが、宮中恒例の大祭、小祭等の皇后宮、皇太子妃等の供奉女官にはこの通常服の形式が用いられている。

また皇族は大礼の際、宮中三殿に期日報告の儀等に用いられることになっている。

以上のように袿袴の際は切袴であるが、尚皇族にあっては長袴の制もあり、五つ衣、小袿、長袴の御服及びこれに代えて小袿、長袴の御服制もある。

女官夏の礼服袿袴姿

A court lady in formal dress in summer.

明治・大正時代

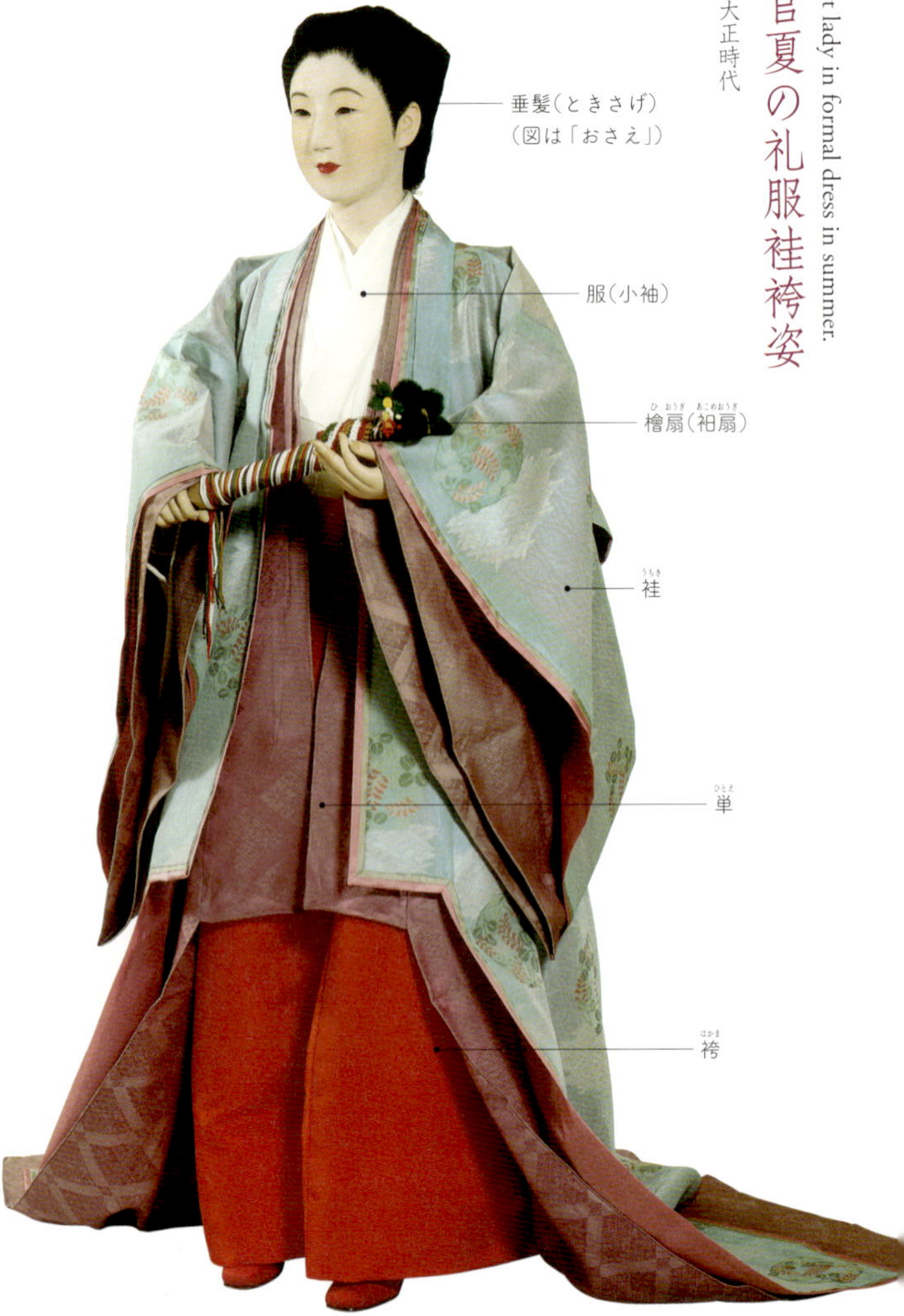

これは明治女官の夏の礼服で紗二重織の袿、単は固地綾の千剣菱(幸菱)、晒布の服(小袖)、緋精好の切袴、髪は垂髪(ときさげ)、檜扇、履を用いる時は袴と同色の絹のもの。つぼに着けず裾をひきずったままの姿とした。

鹿鳴館時代の上流婦人洋装

明治・大正時代

Woman of the upper class in the house *Rokumeikan* period.

明治政府は西欧文明を速やかに吸収して欧米人と対等の外交を求める為に努力した。その外面的手段として政府は東京麴町に明治16年鹿鳴館という社交クラブを作り、外国貴賓接待の場とした。建物はイギリスの建築家コンドルの設計で純粋な洋風建築、鹿鳴は詩経にある「鹿鳴き　群臣嘉賓燕するなり」によるという。落成式には西欧の風にならい、夫妻を招待したことにより、女性の洋装が脚光を浴びることとなった。

其の後明治17年から20年にいたる欧化主義の風潮の

拠点ともなり、この狂熱的な一時期を鹿鳴館時代という。

これはその当時の服装を想定したもので、髪は夜会巻といわれる束髪に、19世紀後期のフランス式の服装とした。

即ち、19世紀に入るとフランスではナポレオン三世の帝政となり服装界は幻想時代に入り、従来行われたクリノリンやグロテスクで異様に大きな服装は一時衰えたが1855年英国から再度クリノリン(パニエ)が入り、シルエットは拡大した。1871年普仏戦争でフランスが敗れてから急激にシルエットも縮小し、大きなクリノリンは消滅してスカートは細く、その背後にその余りをたたみかさねてボーを造った。デコルテの胸はレースをタックして襞を作り、スカートは幾段にもレースのタックをつけて背後に曳いた。手には孔雀の羽で作った扇を持っている。

当時のボリュームと美観を増した盛装である。尚鹿鳴館はのち昭和15年国辱的建物として取りこわされたという。

A school girl in the Meiji era.

女学生姿

明治・大正時代

婦人が袴をはくことは宮廷に於いて平安朝以来行われていることであったが、明治になって袴を着用する一般婦人もあらわれた。

明治4年頃から女学塾長や教授が用い、11年頃には女学生が紫の袴をつけ、33年頃からは行燈袴《あんどんばかま》という襠《まち》なし仕立のものをつけ、華族女学校は海老茶《えびちゃ》色を用いた。

大正、昭和になっても、女学生はきものの時は紫の袴をつける慣例がうけつがれている。下げ髪にリボン、矢絣の小袖に靴をはいている。

上流婦人の洋装　中礼服

明治・大正時代

Woman of the upper class in evening dress.

明治時代にはいわゆる鹿鳴館時代と称される明治17年から20年にいたる頃欧米に対等化する為の狂熱的な洋風摂取の動きがあったが、日清、日露戦争後は却って国粋的な風潮が起こり洋服で出席する夜会も限られた人々になった。ここに示すものは華族婦人の夜会晩餐等に用いられる中礼服である。

これは九条道孝公爵の三女で貞明皇后の姉君にあたられる浄土真宗本願寺派第22代法主大谷光瑞伯爵と結婚された大谷籌子裏方が御使用になったもので、京都女子大学に所蔵されているが、現品は着装に困難なほど破損しているので、復製したものである。

大谷籌子夫人は明治15年11月5日誕生、明治31年結婚、明治44年1月28歳で逝去、才色兼備の令名が高かった方で、この服装は明治43年法主並びに義妹九条武子夫人とともに英国滞在中に製作したもので、Hampbreyという店で調進している。

当時英国は繁栄の時代であり、贅沢とレジャーに恵まれ、精密な裁断と縫製がなされている。絹サテンの生地の上にフォンクレープの透し織を重ね、レース、ビーズ刺繍を駆使し、縁をつけ、白・赤と縁との強い対照を見せた豪華なRobe décolletée（ローブデコルテ）である。胸廻りは自由にひろげることもせばめることも出来るようにくくり紐がつけられている。ここではややせばめて着装させた。靴は絹製の現品を使用した。

シルエットは1905年頃から流行したSカーブ末期のデコルテ形式のドレスで、幅広のサッシュベルトを締めることにより胸を張り出しウエストを細く見せるよう工夫されている。

本品の製作にあたっては京都女子大学の諸氏の御好意をうけ羽衣学園短期大学の久保房子氏の調査を基礎とし、帝国女子大学の小沢昭子氏の論文を参酌して完成したものである。

明治末期の上流婦人の洋装としては数少ない遺品の一つである。

Woman of the upper class in visiting dress.

上流婦人の洋装　ビジティング・ドレス

明治・大正時代

明治時代の皇室や華族の間に於いて最も多く日常用いられたのがこのビジティング・ドレスと通常服であった。宮中に於ける西洋服装は次のように定められている(明治19年6月23日宮内大臣内達に対する説明)。

大礼服　manteau de cour 新年式に用ゆ
中礼服　Robe décolletée 夜会晩餐等に用ゆ
小礼服　Robe mi-décolletée 右に同じ
通常礼服　Robe montante 裾長き仕立にて宮中昼の御陪食等に用ゆ

以上が礼服であってこのビジティング・ドレスはこれに次ぐものとして皇后が拝謁を受けられる場合や行啓される場合に女官その他が侍立したりお伴する場合にも着用されている。また更に一般服として通常服があり、このビジティング・ドレスを格下げして通常服とされることもあった。通常服といっても男子のフロックコートやモーニングに当たり、民間に於いては礼装

に相当することになる。

これは貞明皇后の姉君、大谷籌子夫人が明治43年にロンドンで作られたスーツで、Hamphreyという店の調進である。

表布は鶯色の絹紬、裏は薄いグリーンに白の水玉模様染のグラセイシルクが用いられている。テーラードのラベルにはボイルのプリントが重ねてあり、小衿、袖口、身頃の切替、スカートのボタン飾りと上身頃脇のコード刺繍は当時英国で流行していたものである。直線を基調としたシルエットのスカートはプリーツとなり、襞はヒップの高さより下まで縫い下げられて狭いスカートになり、裏はなく、長さは足もと迄及び、襞はひざのあたりで開かないようにテープで止められている。

帽子も靴も、夫人使用の現品である。この着装の品々は現在京都女子大学に所蔵されている。

本図著装撮影については京都女子大学の諸氏の御好意の賜であり、羽衣学園短期大学の久保房子氏の女子宮廷服の構成技法洋服篇の論文を参酌させて頂いた。

明治末年のものとしては数少ない遺品の一つである。

五節舞姫

明治・大正時代

A costume for Gosechi-no-mai a court ceremonial dance and music.

大饗第一日に久米舞と悠紀、主基両地方の風俗舞と五節舞が行われる。

五節の舞は中古は新嘗祭にも奏せられたが、近世は全く絶えたのを大正天皇の御時から登極令によって再興されたもので、天武天皇の御時創案されたものと伝えられ、その曲に五つの節があり、また袖を挙げること五度、或いは五人の神女が天下って舞った、などで五節の舞といわれている。この曲は笏拍子と笛、篳篥に合わせて歌い、旧公卿、華族の未婚の令嬢たちが五人奉仕された(尚、控えの方が三人ある)。

服装は濃き打袴、青色綾の単、紫地綾の袿、蘇芳色の唐衣を重ね白地地摺りの裳、髪には金銅の梅の心葉に白の日蔭の糸(蔓)をつけ手に濃緋の彩画の檜扇と帖紙を翳す。

京都町家若嫁姿

Young wife of the merchant's family in Kyoto.

昭和前期

大正時代の京都の町家《ちょうか》の若嫁姿で、筆者の母が大正2年2月11日満15歳6ケ月で結婚した時の色直しのもの。縮緬地鴛鴦の裾文様の薄色五つ紋で、帯は金通しの竹文様の丸帯紺地刺繡の半襟をつけ、ここでは色直しの姿ではなく若嫁丸髷の姿とした。大正2年から大正10年位迄、晴れ着として使用したという。大正初期の一般の風潮から見ると聊か派手であるのも15歳という若さを考えての事であった。

Young Kyoto girl in formal dress, *furisode* (long-sleeved kimono).

京都町家娘振袖姿

昭和前期

昭和10年代の京都の娘の振袖姿である。これは筆者の妻が昭和18年3月6日満18歳7ケ月で結婚の時、色直しに着用したもので、綸子の緋地薬玉文様の友禅の振袖、帯は白地浮織の花文様の丸帯白地刺繍の半襟をつけ髪は色直しの時の姿でなく娘姿の下げ髪とした。

昭和18年は太平洋戦争勃発後で物資の欠乏による衣料切符制度が施行(昭和17年1月20日)された後であった為、文様は戦争前の好みのままであるが、振袖の丈が短くなっている。また小袖の襟もとを飾った美しく刺繍された半襟は不要な贅沢品として、この頃を境として戦局の苛烈化とともに消え去った。

白川女

昭和前期

Shirakawa-me or peasant woman of Shirakawa village selling flowers in Kyoto.

京都の働く女の代表として大原女《おはらめ》(小原女)、畑《はた》の姥《うば》、白川女《しらかわめ》が有名で、桂女《かつらめ》は現在全く姿を消しているが、前三者は僅かながら、いまもその名残りを見ることが出来る。これは白川女の姿で、紺もめんの小袖に御所染の細帯をしめ、紺がすりの三幅前掛、着物の裾を両脇にからげて前掛けを前後にのぞかせている。着物の下は純白な下着と裾除けで、手に紺の手甲、脚は白脛巾に白足袋、草鞋ばき、甲当てをつけ、頭と襟には白地手拭、房つきのたすきをゆるやかにかけている。

頭には箕《み》をのせて、仏花や榊をいれて「花いりまへんか」と京の町を流して歩いた。戦後は祭礼等特殊の行事以外には殆ど見ることはない。

主な用語解説

あ

間着（あいぎ）
女子が打掛、掻取を着用する時、その下に着る小袖。

紅紐（あかひも）
小忌衣（おみごろも）の紅紐。
小忌衣の肩に付ける紐。〔小忌衣の項参照〕

上緒（あげお）
頭巾の上緒。
幞頭冠（ぼくとうのかん）の縁の左右につけて頭上に結ぶ緒。後、冠として形式化し、巾子の根方に結びつけた形のまま固定する。

盤領（あげくび）
上領とも書き、垂領（たりくび）に対することばで、くび廻りのあけ方が円くなっている。

揚帽子（あげぼうし）
つのかくしともいわれる、江戸後期より行われた婦女の被りものの一つ。

総角（あげまき）
羂（わな）を左右に出し、中心の結び目を井桁にする紐の結び方、大鎧の逆板等につける組みの緒の結び方に用いる。また古代の子供の髪形の一つ、頭の左右につののように二つの羂をつくる。

衵（あこめ）
アイコメの略で、衣服の間に込めて着る衣の意。古くは表衣と「はだ着」の間に着る衣の総称。

衵扇（あこめおうぎ）
女性の檜扇。檜板を薄く削り胡粉を塗り、上にさまざまの絵を描く。上差し紐があり、後にはこの端が美化されて糸花飾りがつけられる。

浅沓（あさぐつ）
束帯、衣冠、直衣など着用の時に用いる浅い木製の履。

足半（あしなか）
草履の一種。鎌倉時代から室町時代にかけて用いられ、また後世、地方でも用いられた足の底の半ば迄しかない短いもの。

網代笠（あじろがさ）
竹を網代に編んで造った笠。

当（宛）帯（あておび）
狩衣等着用の時、腰に当てて用いる帯。

雨覆（あまおおい）
素絹・裘代（きゅうたい）や御斎衣（おんさいい）の襴（らん）の上部につけられた細幅の裂の部分。

網衣（阿弥衣）（あみえ）
時宗の法衣で広袖、裳なしのころも。

綾藺笠（あやいがさ）
藺で編んで造り裏に絹をはった巾子のある笠。

足結（あゆい）
袴を膝頭の下でくくり固める紐。鈴や玉をつけることもあった。

蟻先（ありさき）
アマリサキの略という。袍や直衣の襴の両側へ張り出した部分。

袷（あわせ）
裏付になっている意、裏をつけた着物。

い

衣（い）
袈裟付の羅衣と称されている衣。身を覆うもの、特に腰より上につける部分を称することが多い。

位襖（いおう）
襖は腋があいている衣、すなわち左右の袖下を縫いふたがないいわゆる闕腋衣であるが、衣服令に位襖とあるのは位階に従い、その色を異にする。

夷懸の糸（いかけのいと）
表袴の両脇、相引下をかがる組紐。

藺笠（いがさ）
飾り藺笠、藺の茎を編んでつくった笠。

威儀（いぎ）
袈裟につけた平くけの紐で、肩にかけて結ぶもの。

射籠手（いごて）
弓を射る時に弓手（ゆんで）の袖に弦の当たるのを防ぐために、肩から手先までを包む布帛製の籠手の袋。

磯（いそ）
冠の前部の縁のこと。

出衣（いだしぎぬ）
衵が出衣になっている。
衣冠、直衣着用の時に下に着る衵（衣）を袍、あるいは直衣の裾の外へ出す状態の他、牛車の乗り口の外側に衣を下げ垂らすことなどをいう。

板鞆（いたしころ）
鞆が小札こしらえでなく板状のものが連綴されているもの。〔鞆の項参照〕

市女笠（いちめがさ）
中世の絵巻にしばしば散見する。本来は市中の庶民の女が用いたが、やがて上流の女子も旅行の時などに用いた。

一髻（いっけい）
奈良時代の女装の結髪の一つで、頭頂で結び上げた髻（もとどり）の羂（わな）の部分が一つのものをいう。

五つ衣（いつつぎぬ）
衣とは袿のことで、袿を数枚つけるのを重袿（かさねうちぎ）という。20枚にも及ぶことがあったが、5枚が通常とされた。この5枚の重袿を五つ衣と称した。

印籠（いんろう）
元来は印を入れる容器であるが、薬などを入れて腰に下げる小箱。

う

表袴(うえのはかま)
束帯、袍裳および礼服等着用の時に用いる。上に着用する白袴裏は紅、肌につける袴ではない。

受緒(うけお)
円領の袍などの蜻蛉頭(とんぼがしら)を入れてとめる羂(わな)、其の他緒を引きかけて結ぶ為の羂。

受筒(うけづつ)
当世具足の背部の腰のあたりにつけて指物(さしもの)をさしこむ用に供する筒。

受鉢(うけはち)
古代の大陸系甲冑の眉庇付冑の天辺伏鉢の軸の上部につけられた飾りの皿状の所をいう。

打掛(うちかけ)
打掛の小袖の略。裲襠とも書く。

裲襠(うちかけ)(りょうとう)
武官礼服着用の時の服具。唐伝来の服具で、布帛製の貫頭の形式の袖なしのもの。

打刀(うちがたな)
刀剣の一種。腰にさしたやや長い刀。

袿(うちき)
公家の婦人が表着や小袿の下につけた内衣であり、また褻(け)、平常の際には袿・単だけの姿であった。また、袿を数枚重ねるのを重ね袿という。

打衣(うちぎぬ)
砧で打って光沢を出した衣のこと。表着の下襲として用いた。

空穂(うつぼ)
矢を入れて腰につける具。矢が雨などで損ずるのを防ぐためのもの。

上帯(うわおび)
鎧の上に結ぶ布などの帯。

表着(うわぎ)
一般に上に着る衣をいう。公家婦人が正装の時に唐衣の次に着る衣。

上手(うわで)
腰帯の締め余った所が分離、形式化された部分で石帯の左の一端についている革帯。

え

纓(えい)
冠(束帯、衣冠等の冠)の後方に長く垂れている部分。

箙(えびら)
箭(や)を差し入れて背に負う武具。

エポレット
西洋風大礼服の房のついた肩飾り。

絵元結(えもっとい)
中世以後婦人の髪に長髢を継ぐ時、その継ぎ目にかける元結で、絵が描かれている。

襟(えり)
衣の身や衽の首に接する所を中心として付け加えられた部分。

燕尾（えんび）
冠の纓の別称。

お

緌（おいかけ）
冠の左右耳の上あたりに付けるもので、馬尾毛で作った半円形のもの。冠をかぶりとめる緒の端の房が形式化されたものという。武官警固の時に用いるもの。

横刀（おうとう）
奈良時代の刀剣の種類で、平造りで身幅のあるもの。

横被（おうひ）
七條袈裟をかける時、右肩から左脇に着ける長方形の布。

應量器（おうりょうき）
僧侶が食器として用いる五つ重ねの椀。

大翳（おおかざし）
女子の泥絵、糸花飾りの檜扇。女房檜扇とも通称衵扇（あこめおうぎ）ともいう。

大帷子（おおかたびら）
夏季重ね着の熱気を避けるために、束帯姿の時、紅晒（さらし）の胴に下襲と単との裂地（きれじ）を重ねて襟と袖口に付け加え、さながら両衣を着ているように見せた服具。

大口袴（おおぐちばかま）
大口の袴の略で、裾の口が広いので大口という。

大掛絡（おおくわら）
五條袈裟の一種で頸から吊して掛けるもので、絡子（らくす）、掛絡ともいう。このうち特にその形の大きいものを大掛絡という。

大腰（おおごし）
裳や袴の幅の広い腰（紐）、女房装束の裳の背にあたる方形の部分。また、近世女房装束の紅の袴の腰（紐）が特に幅広くなっている場合もいう。近世女官の尋常服として用いられる。

大すべらかし（おおすべらかし）
江戸時代の後半期に生じた公家女子正装（女房装束）の時に結髪した鬢の大きく張った髪形。

大袖（おおそで）
礼服姿の時、袖口の大きく小袖の上に着する表衣。衣服令では単に衣と記されている。即位、元旦の朝賀などの式に着用。

大立挙（おおたてあげ）
臑当の一種。鉄製で膝頭から大腿部の外側を大きく覆うようにしたもの。

御高祖頭巾（おこそずきん）
江戸後期婦人のかぶった袖の形をした頭巾。

御小直衣（おこのうし）
天皇が略儀に御召しになる、狩衣に襴をつけた形式の御装束。

お下げ（おさげ）
髪形の一種。少女の髪の結い方。

押付の板（おしつけのいた）
鎧の背の最上部である肩に当たる板。押付。

遊須比（おすひ）
古墳時代の女性が用いる幅のせまく長い布で、頭から覆って用いる。

お中（おちゅう）
江戸時代後半期に公家の婦人が小袿姿、袿袴姿の時に結う、鬢のやや張った髪形。大すべらかしに次ぐもの。髱の長さがやや短い。

帯揚げ（おびあげ）
女子が帯を太鼓結びや下げ結びにする時、結び目などが下がらぬようにするため用いる細長い帛。

御引直衣（おひきのうし）
天皇が御召しになる長さ一身余の袍。裾を引きずって着装される。形状は一般の直衣のように背後に格袋（はこえ）はない。

帯喰（おびくい）
唐風の挂甲の腹部につけた鬼面の形。雅楽の太平楽などの装束に用いる。

帯締め（おびじめ）
江戸末期以後婦女の帯が締める用から身を飾る為にまとうものとなったので、帯が解けないよう更に結ぶ紐。

緒太（おぶと）
緒の太い藺で編んだ草履。

小忌衣（おみごろも）
大嘗祭や新嘗祭などに奉仕する公家の人々などの着用する神事の服。略して小忌。

陪(倍)（おめり）
裏地を表地の方へ折り返して縫ってある状態。

折烏帽子（おりえぼし）
立烏帽子を折ったものの総称。

御切袴（おんきりばかま）
天皇が御小直衣の時に御召しになる、腰から身丈一杯の御袴。

御組帯（おんくみおび）
天皇が御引直衣の時に着けられる絛帯。

御斎衣（おんさいい）
天皇が大嘗祭や新嘗祭などの神事に御召しになる、無紋・生絹裏なしの袍。

御挿鞋（おんそうかい）
天皇の御沓で、錦或いは帛がはられている。

か

懐紙（かいし）
たたんでふところに入れておく紙。和歌連歌などを正式に詠進する時に用いた檀紙もしくは杉原紙など。

掻取（かいどり）
公武家女子の打掛の呼び名。近世、綸子地を打掛と云い、縮緬地のものを掻取と云う。

鏡の輪（かがみのわ）
神楽・人長の舞の時に舞人の持ちものの榊につけられた白い輪で、鏡を象徴しているもの。

格袋（かくぶくろ）（はこえ）
縫腋袍の後身の腰の辺を引き上げてたたみ、左右を折りこんで袋状にした部分。

懸（掛）緒紙捻（かけおこびねり）
冠または烏帽子にかける紙のひねり紐。

懸（掛）帯（かけおび）
女房装束の裳の腰に付けた紐で、肩から越して前面で結ぶもの。足利時代後期から江戸時代の女房装束の再興までの裳に付けられている。その他、女房のつぼ装束の時、胸のあたりに掛ける平くけの帯もいう。

懸（掛）守（かけまもり）
公家や武家の婦人が物詣や旅の時に肩から胸にかける守袋。

笠（かさ）
日光、雨、雪等を避ける為に頭部につけて覆うもので、竹、藺、藁、紙などで出来ている。

風折烏帽子（かざおりえぼし）
立烏帽子の頂の所を折りふせた形の烏帽子。

挿頭華（かざし）
髪にさす飾り。古代には髻華（うず）と称し、花や葉を髪にさすことであったが、奈良時代ころから髪ばかりでなく冠にさす造花のことにもなった。中古より儀式に用いるのは金属製のものとなった。

飾剣（かざたち）
儀杖の太刀すなわち儀式の時に用いた太刀。身につける為の足金具が山形づくりになっている。

襲（かさね）
重ねて着ること、またその物を指す。

汗衫（かざみ）
汗取りの衣の意であるが童女の礼装とされ、藤原時代以降は長大な形状のものが公家童女の礼装として用いられた。

飾り紐（かざりひも）
紐で飾りとしたもの。袴の腰の飾り紐、衵扇の飾り紐などがある。

花子（かし）
奈良時代、唐風の影響をうけたもので、婦女の顔の化粧の一つとして眉間や唇の両端近くに紅点或いは藍などをつけたものをいう。「花鈿」ともいう。

肩当（かたあて）
唐風の挂甲の着装に際し肩からの首まわりにつける錦の裂。舞楽・太平楽などに用いる。

肩衣（かたぎぬ）
袖のないもので、上半身につける。

肩喰（かたくい）
唐風の挂甲着装の際に腕を通して肩につけるもので、獣面などになっている。舞楽・太平楽などに用いられる。

帷子（かたびら）
麻のひとえの着物。

肩鎧（かたよろい）
古墳時代の甲の上に両肩から上膊部にわたっての薄い鉄板製の被覆物。

褐衣（かちえ）
闕腋袍の系統をひく、布製のもの。諸衛府の舎人が用い、随身の際の召具装束とした。

被衣（かづき）
カツキの転。衣を頭から被って着ること。「きぬかづき」ともいう。

被く（かづく）（かつぐ）
頭から被ること。「小袖を被く」などと使う。

合当理（がったり）
旗指物の受け筒をさすために当世具足の背につける、金属製の枠。

鬘帯（かつらおび）
頭髪の乱れを防ぐ為に頭髪を締める帯。

桂包（かつらつつみ）
室町時代末ころから江戸時代初めころまで賤女が長い白布で頭髪を包んだもの。

花鈿（かでん）
唐風の影響をうけた婦女の顔の化粧で、眉間や唇の両側に紅や藍などをつけたもの。「花子」ともいう。

兜（かぶと）
戦闘に際し、頭にかぶる鉄製または革製の武具。

髪置（かみおき）
唐衣の襟が方立になっている部分で、下げ髪が載る所。唐衣の髪置などという。また、別に少女が髪をのばす儀式をいう。

冠下の髻（かむりしたのまげ）
髻（もとどり）のこと。

背子（からぎぬ）
唐風のよそおいで、上半身につける袖なしのもの。

唐衣（からぎぬ）
公家女房晴装束の一番上に着る袖幅の短い半身の衣。

唐輪髷（からわまげ）
婦女の頭髪を頂部で立て上げて結った髪形で、桃山時代頃中国の明から伝来したといわれる。

狩衣（かりぎぬ）
狩に行く時の服からきた衣で、身幅一巾で闕腋、袖露がつけられている。

蝙蝠（かわほり）
「かわほりおうぎ」の略。開いた形が蝙蝠（こうもり）の羽をひろげた形に似るからいう。骨は紙の片側にある。

貫頭衣（かんとうい）
布の中央付近を開けて頭から被って着る布。

き

菊綴（きくとじ）
衣服の装飾に用いる糸。もとは衣服の縫い目のほころびを防ぐ為のもので、生糸を束ねて開げるとその形が菊のように見えるのでこの名がある。後には装飾として用いられている。また生糸をかえ組紐或いは革で作られてもこの名で呼ばれることがある。

吉弥結び（きちやむすび）
江戸中期、俳優上村吉弥の好んだ帯結びの一種。背後に結んで垂れる。

着附（きつけ）
身につける小袖。

脚絆（きゃはん）
脚部を覆う布。

毬杖（きゅうじょう）
毬技に用いるもので、毬（たま）を打つ棒をいう。また「ぎっちょ」ともいわれ、子供の遊具の一種になっていた。

裘代（きゅうたい）
法皇・諸門跡または大納言・参議以上で法体となった人が参内などの時に着た法服。

鳩尾板（きゅうびのいた）
大鎧の付属具で、左高紐の上を覆うようにつけた一枚の縦長の革包みにした鉄板。

裾（きょ）
束帯着用の時に、長くひく下襲の裾（すそ）、及び闕腋袍の裾の部分。

杏葉（ぎょうよう）
胴丸の肩を防ぐためにつけた、染め皮でくるんだ鉄製の細長い葉形の金具。後に肩に袖がつけられると胸の左右に下げられるようになる。

魚袋（ぎょたい）
朝服、束帯の時に右腰に吊し宮廷の門札とされたが、後には装飾の威儀のものとされた。

切袴（きりばかま）
身丈一杯の袴で、裾をくくらないもの。紅の切袴、緋の切袴などと使う。

金帯（きんたい）
背の腰にあてる帯で、金属で作られている。

く

括袴（くくりばかま）
裾を括った袴。

くけ帯（くけおび）
布を合わせて縫い上げた帯。

草摺（くさずり）
鎧の腰に分かれて垂れている裾の部分。

具足（ぐそく）
完備したものの意で、甲冑では鉄砲伝来以後のものを当世具足とも、また単に具足ともいう。

裙帯（くたい）
女房物具装束の時、裳の左右に飾りとして添えて垂らした紐。

屈紒（くっかい）
髪をまげて結うこと。

頸かみ（くびかみ）
盤領（上げ頸）の装束の、頸の廻りにある小襟の部分。

頸珠（くびたま）
首飾りの珠。

頸鎧（くびょろい）
古墳時代の甲の時、頸部を保護する為につけられた鎧。

條帯（くみのおび）（じょうたい）
斜め格子に打った平組の帯。安田打の組み帯。

烏皮履（くろかわのくつ）
鼻高履。黒い革製。爪先を高く作ったくつ。

烏皮舃（くろかわのくつ）
黒漆塗皮で作られ、足指先付近が高く作られたくつ。

黒木（くろき）
皮のついたままの木。薪用の柴などもいう。

烏油の腰帯（くろぬりのこしおび）
黒漆塗の革製の腰帯。衣服令の朝服に用いられる。

鍬形（くわがた）
前立の鍬形。
兜の眉庇の上の前立の飾り、左右に角のように立つ装飾。
農具の鍬の形に似ているのでその名がある。

裙（くん）
繊維製で、下半身にまとうもの。裳。中国風に裙子（くんず）ともいう。

軍扇（ぐんせん）
軍勢を指揮するのに用いた扇。

け

挂甲（けいこう）
「かけよろい」ともよむ。中国の影響をうけた小札ごしらえの甲。

毛履（けぐつ）
くつの一種。熊などの毛皮で作ったもの。貫（つらぬき）という。

袈裟（けさ）
袈裟付の羅衣と称されている背面の方形のもの。濁色の意で、仏教成立以来、僧尼の服と定められたものであるが、後には仏教教団に属していることを表わす象徴として僧尼必須のものとなり、金襴や錦織の立派なものも用いられるようになった。

袈裟文庫（けさぶんこ）
袈裟などを収める箱。

下散（げさん）
具足の草摺の異称。

牙笏（げしゃく）
象牙（ぞうげ）で作られた笏、衣服令によると五位以上の用。笏は本来「こつ」とよむが「骨」に通ずるので忌まれ、公家では「しゃく」とよむのが例となった。

毛付陣笠（けつきじんがさ）
陣笠にしゃぐまの毛をつけたもの。

闕腋袍（けってきのほう）
束帯の表衣である袍の中で腋を縫わない袍で、また欄という横裂を裾に付加しないもの。

偈箱（げばこ）
仏教の経本などを収める箱。

ケープ
Cape。肩かけのマント。

巻纓（けんえい）
冠の纓を巻いたもので、武官が用いる。

こ

小威儀（こいぎ）
横五條形式の五條袈裟の両端末にある結び紐。

笄（こうがい）
男女ともに髪をかきあげるのに用いた細長い具。冠の巾子に挿されているものも笄であり、また、後世、婦人の髷に挿して飾りともなる。

小袿（こうちき）
袿の形の小さいもので、身分の高い公家婦人が私の晴れ着として用いた。通常、陪（おめり）に更に中陪（なかべ）が加えられている。

行李（こうり）
旅行用の荷物を入れる具。竹または柳で編み、「つづら」のようにつくったもの。

小腰（こごし）
公家婦女、晴れの装いの際の裳の左右につけられた紐で、裳を身につけて結ぶ為に用いられる。

腰（こし）
身体の部分の名称であるが、衣類の名称として、腰の部分をしばる紐をいう。

巾子（こじ）
平安時代以後、冠の頂上後部に高く突き出て髻（もとどり）をさし入れ、その根元に笄を挿す部分。また市女笠や綾藺笠の頂上にある髻を入れる立ち上がりの部分。

腰板（こしいた）
男の袴の腰の背に当ててある板。

腰刀（こしがたな）
腰に挿す短い刀。小刀。

腰継（こしつぎ）
法衣の直綴や道服には、上・下を連綴する個所が腰のあたりであるのでこの連綴のことをいう。

腰布（こしぬの）
下半身を覆う布。横幅の腰布などがある。

腰巻（こしまき）
打掛、小袖を両肩脱ぎして腰に巻いたもの。江戸時代以後には肌に直接つける腰布をも指すことがある。

胡床（こしょう）
相引（あいびき）ともいう。四本の木を二本ずつ交叉して組み合わせ、更に上下に横木をとりつけ、上部を綱或いは布で結びとめた腰掛け床几。

五條袈裟（ごじょうげさ）
袈裟はKasāya（梵語）の音訳で濁色の意。僧服として定められたが、これには色賤、体賤、刀賤をなすこと、即ち、濁色にすることと棄てられたようなものを素材に使用すること、裁断することの戒律の意があった。この刀賤により二十五條より五條の区別があり、大、中、小衣とされた。五條袈裟は小衣で安陀会（Antarvāsa）とも云われる。最も簡単な袈裟として用いられ、日本の平安時代には威儀（紐）で吊して細長く体にまきつけられたものを小五條とも呼んでいる。刀賤による五條の布を縫い合わすのでその名がある。

小袖（こそで）
薄色の小袖、白小袖、熨斗目紋付の小袖、雪持笹の総鹿の子疋田絞の小袖などあり、現在のきものの形をいう礼服（らいふく）の上衣の大袖に対し、またその下につける細袖の衣も小袖という。また同形の絹裏付綿入のものも指す。

小露（こつゆ）
直垂や大紋、素襖、長絹などの飾りの紐。もとは裂の縫い合わせのほころびを防ぐ為のものであった。水干の菊綴の略化したものと云える。

籠手（こて）
鎧の付属具で、腕を防護するもの。

小道服（こどうぶく）
道服の下の襞を縫い目にしたもの。

小直衣（このうし）
直衣と狩衣を折衷したもの。

紙捻（こびねり）
近世、冠をかぶる時に、冠の落ちるのをふせぐために冠の懸緒に用いたコヨリ。

小鰭（こびれ）
当世具足につけられた、肩を保護する為、肩上（わたがみ）の外端につけられた部分。

こびんさき
下げ髪の垂れている要所を結ぶ細い紙片。

御袍（ごほう）
天皇の御召しになる袍の尊称。

護摩刀（ごまがたな）
修験の行者（山伏）の佩びる刀。

小結（こゆい）
侍烏帽子を髻（もとどり）に結びつける紐。

コンタス
キリスト教を信仰する人々の持つ十字架。

さ

釵子（さいし）
女房装束着用の時に用いたヘアピン形の理髪用具。

逆板（さかいた）
大鎧の胴の後背部上部に本体より分離して吊されている小札板。第二の板。

榊（さかき）
ツバキ科の常緑亜高木。この枝葉を神前に供える。

下緒（さげお）
刀の鞘に付けて下げる紐。

指貫（さしぬき）（奴袴ぬばかま）
袴の裾口に括緒を通してしめるようにした括袴。近世では裾に引き揚げのくけ紐がつけられ、これで身長にあわせて用いられている。

指物旗（さしものはた）
個人及び部隊の識別の為に当世具足の背に負う標識用の旗。

先笄髷（さっこうまげ）
江戸時代の結髪の一種。若嫁などに用いられる。

さび
烏帽子に付けられた皺。
坐蒲（ざぶ）
禅宗の僧が用いる円形の座蒲団。
侍烏帽子（さむらいえぼし）
折烏帽子とも云われ、風折烏帽子よりもさらに細かく折り、髻の巾子形の部分のみを残して他をすべて折り平めて、動作に便宜なようにしたもので、武士達が好んで用いたもの。
三斎羽織（さんさいばおり）
細川三斎が発案したものといわれている羽織。「そぎ袖羽織」「筒袖のぶっさき羽織」とも。

し

糸鞋（しかい）
糸で組んだくつ。
直綴（じきとつ）
袍と裳の二部制とせず、上衣と下衣の裳を連綴した一部制の僧服。禅の系列の法衣に用いられている。
重籐弓（しげとうのゆみ）
籐を繁く巻いて作った弓。
𩊱（しころ）
兜の鉢に付いて左右及び後ろに垂れ、頸を保護する部分。錏、錣とも書く。
下襲（したがさね）
束帯や布袴（ほうこ）の時、袍の下に着用する服具。

下着（したぎ）
表着の下に着るもの。
下腹巻（したはらまき）
衣服の下に腹巻をつけること。上につける時は上腹巻という。
褶（しため）
「ひらみ」「しびら」「しゅう」「うわも」ともよみ、裳、裙に重ねて用いられる。
七條袈裟（しちじょうげさ）
袈裟の刀賤の條数が七條のもの、中衣（Uttarasanga、鬱多羅僧）である。〔五條袈裟の項参照〕
倭文布（しづり）
縞織物。古墳時代の帯として用いられた。
襪（しとうず）
指の股のない足袋。礼服用のものは綿、束帯用のものは白平絹。
篠籠手（しのごて）
上膊部、下膊部の座盤が細長く篠状になっている籠手。
篠臑当（しのすねあて）
座盤が細長く篠状になっている臑当。
柴（しば）
山野に生ずる小さな雑木。
褶だつもの（しびらだつもの）
短く腰に巻く襞のある布。褶を裁ったもの、また褶に似たものの意。

嶋田髷(しまだまげ)
女性の頭髪を頭頂で折りまげて結った髪形。鶺鴒髱の嶋田髷などがある。

笏(しゃく)
天皇をはじめ百官が威儀を正すために右手に持つ幅のせまい長方形の板で、礼服五位以上は衣服令では象牙製、他は通常、櫟を用いる。本来の音は「こつ」であるが、骨に通ずるので公家ではこれを忌んで「しゃく」と云う。

錫杖(しゃくじょう)
修験者などが山野を行く時、害獣を避ける為に用いる鳴り環のつけられた杖。

尺八(しゃくはち)
前面に四つ背面に一つの孔がある竪笛。

手巾(しゅきん)
手などを拭く布、また組紐或いはくけ紐などの帯。

修多羅(しゅたら)
袈裟の前後をくくり体にかける紐であるが、一種の飾りともなり、紐を華鬘結びや鮑(あわび)結びにしている。

撞木(しゅもく)
鉦を打ち鳴らす丁字形の棒。

鉦(しょう)
たたきがね。

浄衣(じょうえ)
白の布。時に黄布または生絹で仕立てた無紋の装束で、公家では狩衣形の服。神に奉仕する人の料。

衝角付兜(しょうかくつきかぶと)
古墳時代に見られる兜で、前端が尖っている。

飾章(しょくしょう)
西洋風大礼服などにつけられた飾りで、身分・階級などにより模様が変えられている。

飾緒(しょくちょ)
装飾された飾り紐。

尻(しり)
衣服や道具に先端、後尾の別がある時、後尾の方をいう。本来体の腰の後下部を指す言葉。

陣羽織(じんばおり)
軍陣において鎧、具足の上に着用する服。

す

水干(すいかん)
糊を用いず水張りして乾かした布などで作られたのでその名があった。狩衣系の装束で、頸かみには組紐がつけられ、組紐で結び合わされる。通常菊綴がつけられ、袴の中に着籠めて用いる。

末廣(すえひろ)
扇の名。その末が広くなっている扇。中啓もその一つ。現在は扇子それ自体をいう。

素襖(素袍)(すおう)
室町中期に生じた武士の常服。江戸時代には中士以下では礼装ともなっている。

菅笠（すげがさ）
菅で編んだ笠。

筋兜（すじかぶと）
鉢に星がなく、縦筋のみある兜。

篠懸（すずかけ）
山伏すなわち修験者が入峯（にゅうぶ）の時に着用する服。

裾除け（すそよけ）
婦人が腰巻（下着の一種）の上に重ねて着るもの。蹴出ともいう。

角帽子（すんぼうし）
長方形の布を二つ折りにして背面だけ縫合されているもので、上部に紐がつけられ、かぶる時は上端を三角形に角をたててかぶるのでその名がある。能楽に用いられている。

せ

石帯（せきたい）
玉、石、角等がつけられている革帯。

鶺鴒髱（せきれいづと）
女性の結髪の時、背後に出る髪を髱（つと）といい、その姿が鶺鴒の尾のように飛び出ているもの。「かもめ髱（たぼ）」ともいう。

摂腰（せびえ）
衛門府の官人が闕腋袍束帯の時に用いる帯。

栴檀板（せんだんのいた）
右の胸前につけ、肩上（わたがみ）に結びかけて高紐を切らぬようにおおう大鎧の付属具。

そ

僧綱襟（そうごうえり）
袍の襟を細く折らないで頭の背後で大きく三角形にして着ること。本来は僧綱の役職にあるものだけに許された法衣の形式であった。

走索（そうさく）
修験者の入山の時の必須の縄で、腰につける。

紕帯（そえおび）
衣服令に於いて女官の用いる帯で、裏地が表に折り返されて縁をなしている。

素絹（そけん）
織文のない白い生絹で製した身丈一身余の僧服。時代が降るにともなって身丈に相応する半素絹も、また墨のものもこの名で呼ばれている。

袖頭巾（そでずきん）
御高祖頭巾と同じ。

袖露（そでつゆ）
狩衣などの袖括りの緒。直垂、大紋、中世の素襖などでは袖括りが表に出ないで内側に通されているのでその端末だけが袖の下端に見え、また、形式化して袖の端末に飾りとしてつけられている。但し江戸時代礼服としての素襖には無い。

征箭（そや）
軍陣で敵を刺殺する為に用いる矢、征矢とも書く。鳴り鏑の矢や儀式用威儀の為の矢に対する言葉。

た

大紋(だいもん)
大形の家紋を上衣の五ケ所に染め出した布製の直垂。室町時代に始まり、江戸時代には五位の武家(諸大夫)の式服と定められ、下に長袴を用い、左右の相引各一と前に二個、時に後に一個の紋をつける。

高紐(たかひも)
鎧の名所。肩上(わたがみ)に付いていて、胴をつるための紐。

手草(たぐさ)
手に持って遊ぶもの。歌舞する時に手に取るもの。

丈長(たけなが)
細長く切られた紙で下げ髪などを結ぶもの。

襷(たすき)
肩から腕の下或いは腰部にかけて結ぶもの。「日蔭を手次(たすき)にかけて」(古事記)、「蘿(ひかげ)を以って手繦(たすき)に為して」(日本書紀)。

立烏帽子(たてえぼし)
もとはこれを烏帽子といったが、いろいろな折烏帽子が出て来たので、折らないものを立烏帽子といって折烏帽子と区別した。

帖紙(たとう)
装束、衣冠、直衣などの時に用いるもので、懐紙をたたんだもの。

玉髢(たまかもじ)
婦人の頭髪に入れて補うつけ毛で、特に丸い形をなしているもの。

短甲(たんこう)
古墳時代から平安初期迄用いられ、上半身を護った甲。

ち

千早(ちはや)
神に仕える女子などのかけた上衣。

中啓(ちゅうけい)
室町時代ころから流行した、儀式用の扇の先端を中びらきにしたもの。

頂巾(ちょうきん)
面などをつける時、その下に先ず頭に被る布。

長絹(ちょうけん)
長尺の絹布。つやがあり、時に繍、摺箔を施したものもある。長絹製の装束を称したが、能楽などでは垂領、衽なし胸紐袖露をつけた広袖の上衣を云う。

朝服(ちょうふく)
衣服令による朝廷出仕の為の通常服。

つ

作り眉(つくりまゆ)
自然の眉ではなく、化粧の一つとして描かれた眉。

附け単(つけひとえ)
単を別に着けず下襲の鰭(はた)袖に着けて単を重ねたことを表現している。

附けもの（つけもの）
衣服にとりつけられた風流の飾りもの。

つぶいち髷（つぶいちまげ）
江戸時代後期の公家姫君の嶋田髷。

壺折る（つぼおる）
衣服を腰で折り畳んで裾を小さく着つける着装法。「袿を壺折る」などという。

壺袖（つぼそで）
具足などにつけられた小形の袖。当世袖ともいう。

壺胡籙（つぼやなぐい）
箭（矢）を盛って背に帯びる具。

貫（つらぬき）
将士が甲冑着用の時に用いる毛沓。

弦走（つるばしり）
大鎧の名所。胴の二の板より下部。正面を染革で包んだ部分。

弦巻（つるまき）
弦の掛け替えを巻いておくもの。

て

手甲（てこう）
布や革で作り、手の甲をおおうもの。

手珠（てだま）
古墳時代に多くの玉を緒で貫いて身辺の装飾とした装身具。

手細（てぼそ）
筒袖の衣。庶民や雑兵などが上着として用いたもの。

天蓋（てんがい）
虚無僧がかぶる深い網笠。また、別に仏像等の上にかざす蓋（きぬがさ）等をいう。

天冠（てんがん）
頭にかぶる金属製などの宝冠。

と

刀子（とうす）
刀の短いもの。弥生時代から存するもので古墳時代に盛んに用いられたと見え、多くの副葬品がある。

当世袖（とうせいそで）
当世具足につけられた実用的な鎧の袖で、七段位あって小形のもの。籠手に仕付けられている。壺袖ともいう。

銅拍子（どうびょうし）
中央に凹みのある丸い銅製の板を打ち合わせて音を出す楽器。

胴服（どうぶく）
広袖で羽織として用いたもの。他に小袖形の羽織も胴服ということがある。

道服（どうぶく）
僧の着用した直綴より出たもので、直綴と同形で色ものをいう。高位の俗人が褻の服として用いた。

燈籠鬢（とうろうびん）
女性の頭髪の側面の髪を鬢といい、鬢が大きく張り出しているものをいう。

頭巾（ときん）
唐の幞頭を模した被り物。わが国の被り物では天武天皇の世の漆紗冠も頭巾の一種である。其の他頭につける布のものを広く頭巾という。

頭巾（兜巾）（ときん）
修験者の用いるかぶりもの。

トランクフォーゼ
15–16世紀、スペイン、ポルトガルの人達が用いた腰のあたりに張りのあるズボン。

鳥甲（とりかぶと）
鳥になぞらえた冠で、舞楽の時、舞人や伶人が用いる。また、平安時代公家の鷹匠もこの種のものをかぶる。

蜻蛉頭（とんぼがしら）
糊で固めた布や、組紐を蜻蛉の眼のように丸く結んだもの。盤領の袍や狩衣の頸かみに受緒とともに締め合わす具として用いられる。その他ボタンの用として広く使われる。

な

内衣（ないい）
袍や表着の下着として用いられるもの。

長髢（ながかもじ）
婦人の頭髪を補う長い毛。

長袴（ながばかま）
裾が長く地に曳く袴。「緋の長袴」などという。

長紐（ながひも）
天武朝の服制にある、儀式の時に用いられる長い腰紐。

名護屋帯（なごやおび）
組紐で、末端に房飾のついた帯。明より渡来した手巾で九州名護屋で産したのでその名がある。

名古屋帯（なごやおび）
広幅の丸帯を半幅で簡素にしたもので、大正時代、名古屋から流行して広く用いられている。

南蛮胴具足（なんばんどうぐそく）
室町時代末期頃に西欧から輸入された甲冑を利用して作った当世具足。胴の中央に鎬（しのぎ）があるのが好まれた。また、この風により日本で作られたものもいう。

に

如法衣（にょほうえ）
法の通りの衣という意味で、律衣として律系の宗団で用いられる木蘭（もくらん）色などの茶褐色の布で作られた七條袈裟。

ぬ

幣（ぬさ）
神に祈る時に供えるもの。麻、絹、紙などで作る。

塗笠（ぬりがさ）
笠に漆をかけ塗ったもの。漆塗りの笠。

ね

練帽子（ねりぼうし）
練絹で作られたもので、江戸後期女性の頭にかぶる半円形のもの。

の

直衣（のうし）
雑袍と称せられるもの。公家の平常服(社交服)で、高位の人が勅許によって用いた。

喉輪（のどわ）
鎧の付属具。咽喉部にそえて当てるもの。

野袴（のばかま）
形は普通の袴と同じであるが、裾に黒天鵞絨の縁をとるのが特色。

熨斗目（のしめ）
経に生糸、緯に半練糸を用いた先染の平織で、段、縞、格子などを織り出したもの。また、しじら織もある。これで仕立てた小袖を熨斗目小袖という。熨斗目小袖には袖下や腰のあたりに格子や段文様を織った腰変わりがある。

は

佩楯（はいだて）
膝を防護する武具。膝鎧ともいう。

袴（はかま）
腰から下につける襞のある衣。「紅の袴」「濃き袴」「白袴」などという。

筥狭子（はこせこ）
江戸時代の婦人が懐中する小物入れ。筥は箱・函、狭子は迫とも書く。

夾木（はさみぎ）
巻纓をする時に、纓をはさむ木。

張着（はつき）
江戸後期〜明治初期宮廷女官が紅(緋)袴をつけて袿の代用とした小袖形式の打掛。

鉢単（はったん）
禅宗の雲水の旅装の一つで、食事の時の黒の敷紙。

半首（はつぶり）
鉄面の一種。前額部から両頬にかけておおうもの。

舃（はなだかぐつ）（せきのくつ）
足先が広く高くなっているくつ。

縹帽子（はなだもうす）
僧尼が用いるもので、頭部を覆う帛布。本来縹色のものが用いられたので、白色になってもこの名がある。

脛巾（はばき）
外出・遠出などの折、脛に巻きつけるもの。上下に紐を付けてしばる。後世の脚絆に当たる。菒(いちび・草の名)で作った脛巾を菒脛巾という。

腹当（はらあて）
前と左右脇の胴を守る最小の鎧。軽武装、下級者用のもの。

腹喰（はらくい）
唐風挂甲などの腹部を覆う装具で、鬼面などになっているもの。舞楽・太平楽の甲冑にも用いられている。

腹巻（はらまき）
古くは胴丸のことをいい、後には背面で合わせ目のある鎧をいう。

半合羽（はんがっぱ）
袖に付けられた、半身の防雨などの為の旅行用の外衣。

半素絹（はんそけん）
素絹は一身余の長さがあるもので、これに対し等身用のものをいう。裳付け衣といわれたもので、墨のものに対してもこの名で呼ばれている。

半臂（はんぴ）
束帯の下具。袍と下襲との間に着る袖無しの服具。

半頬（はんぽう）
顔面を保護する鉄面。

ひ

日蔭の蔓（ひかげのかつら）
つるのある草木の名であるが、これを頭かざりにつけたことから神事の時の飾りとなり、冠につける飾りとして絹の組紐などもこの名を以って用いられる。

引腰（ひきごし）
裳につけている長い飾り紐。裳の引腰、掛帯の裳の引腰。

引立烏帽子（ひきたてえぼし）
揉烏帽子の一種。出陣の時に冑の下に被る、折り込められていないもの。

引き廻し合羽（ひきまわしかっぱ）
坊主合羽のこと。

膝継（ひざつぎ）
表袴の裾の膝のあたりにつけられた継ぎ目。

菱縫の板（ひしぬいのいた）
鎧の袖や草摺の下段の板で、緘の菱縫がなされているのでこの名で呼ばれる。

襞（ひだ）
布を折り重ねること。「内衣の襴の襞」などという。

直垂（ひたたれ）
夜具としての名ともいわれ元来は上衣の名であったが、共裂の袴を用いるようになって袴も含めて直垂ということとなり、上下とも呼ぶ。平安時代の民衆の服から武士の用となり、江戸時代には長袴となり三位以上の大名の礼服として用いられた。

引敷（ひっしき）
「いんじき」ともよみ、修験者が山中を行動する時、随所に腰をかけ易くする為に尻にあてる毛皮をいう。

引敷の板（ひっしきのいた）
大鎧の背面の草摺の下端の部分。

単（単衣）（ひとえ）
男女の装束着用の時に用いる単仕立ての下具。また、小袖形式で表地一枚で裏のないもの。

雛頭（ひなさき）
烏帽子の正面中央の凹みの中の小さく突起した所。ひながしら。

兵庫鎖太刀(ひょうごぐさりのたち)
柄、鞘、ともに銀の延べ金で包み、帯取りに銀の鎖をつける太刀。

平打(ひらうち)
組紐の一種。丸打、角打に対し平面的なもの。

平緒(ひらお)
束帯などの時、太刀をおびる時の平たい組緒。

平額(ひらびたい)
女房装束の晴れ姿の結髪の時、頭頂の前よりにつける飾り。

褶(ひらみ)
男子の時は「うわも」ともいう。〔褶(したも)の項参照〕

平胡籙(ひらやなぐい)
箭(矢)を盛って背に負う具。平たく薄い箱のようなもので十五筋或いは二十二筋の箭(矢)をならべて差す。

領巾(比礼)(ひれ)
女子が正装の時に肩にかける、長い帯状のもの。

平行帯(ひんごうたい)
禅宗の僧侶が道具衣をつける時に用いる、結び飾りのある組紐の帯。

編木(びんささら)
木製打楽器の一種。

鬢批(びんそぎ)
鬢を一部短く切ること。「下げ髪の鬢批」などという。六月十六日に女子が十六歳で鬢の先を切る儀式など行われた。女子の成人の儀式の一種。

ふ

靮掛(ふがけ)
舞人が用いる脛巾。

吹返(ふきかえし)
冑の名所。眉庇の左右に耳のように後に反り返ったもの。

房(ふさ)
替笛の袋の括り緒の房。

二つ折髷(ふたつおりまげ)
いわゆる丁髷(ちょんまげ)。江戸時代に男子一般の結髪の形式。

舟型烏帽子(ふながたえぼし)
折烏帽子が形式化したもので、前面に「まねき」という板がつけられたもの。

へ

蔽膝(へいしつ)
古代に於いて正装の時につけた、前掛けのようなもの。

平礼烏帽子(へいらいえぼし)
上端である峯を折った所が、ひらめく烏帽子。

褊衫(偏衫)(へんざん)
上半身を覆う法衣。中国北魏の時に創案されたもので、左肩より右脇へ掛ける僧祇支(そうぎし)という衣に、右肩より左脇へ掛ける覆肩衣(ふくけんい)が合一して作られたといい、従って身は縫い合わされていない。左前に着る。裙とともに用い、褊衫裙(へんざんくん)、或いは両者を合わせて単に褊衫と呼ばれることもある。

ほ

袍（ほう）
束帯及び衣冠着用の時の表着。「うえのきぬ」ともいう。法衣の時の表着も袍といい、この法服を袍裳ともいう。鈍色（どんじき）の時もその表着を袍という。

縫腋袍（ほうえきのほう）
束帯の表着である袍の中で、腋を縫い、その裾に襴という一幅の横裂を付けたもの。

宝冠（ほうかん）
宝石、金属等で飾られた冠。

宝髻（ほうけい）
奈良時代の女子礼服着用の時の唐風の髪形。髪飾りがつけられている。

星兜鉢（ほしかぶとのはち）
鉢のはぎ合わせの鋲頭を大きくこしらえて、打ちつけた兜。

細纓（ほそえい）
六位以下の武官束帯着用の時の鯨のひげで作られた細い纓。

細剣（ほそたち）
柄に俵鋲、足金物に七ツ金を付けた公家用の剣で、飾剣の代用。

細長（ほそなが）
一は産着としての贈物（乳児用）。二は幼少女用、或いは若年女子の私の晴の用。三は幼少年用。四は禄（贈物）。丈の長い衣服。

法螺貝（ほらがい）
フジツガイ科の大形の海産巻貝で、陣中や修験者の山中の合図の用具として用いられる。

梵天（ぼんてん）
修験者の用いる結袈裟の飾り房で、欲界を離れた意とされる。

雪洞扇（ぼんぼり）
先の方が僅かに開いている扇。

ま

前髪付茶筅髪（まえがみつきちゃせんがみ）
結髪の一種で、後頭部で束ねて先が開いているのを茶筅になぞらえて茶筅髪といい、更に前髪がつけられているもの。

前立（まえだて）
兜や帽子の前面の飾り。

真柝蔓（まさきのかつら）
ニシキギ木科の柾（まさき）を以って頭髪を結うもの。

待受（まちうけ）
当世具足の背部につけられた器具で、旗指物を挿し入れる受け具。

袜額（まっこう）
巻纓の冠の縁に鉢巻に結んだ紅の布。

眉庇付冑（まびさしつきかぶと）
兜の鉢のひさし。

間塞（まふたぎ）
平胡籙に箭（矢）を盛る時、矢と胡籙の間隙をふさぐ紙。

丸帯（まるおび）
広巾の裂地を二つ折りにしてくけて適宜の巾にして腰に廻し、本来は引き抜きに結ぶ。

丸髱（まるかもじ）
丸い形をした頭髪のつけ毛。

丸髷（まるまげ）
「まるわげ」とも読む。髷の型を入れて大きくふくらませ、幅を広くした武家の内儀・町家の妻の髷。

み

箕（み）
穀類の殻・塵などを分け除く農具。

水衣（みずごろも）
能楽の僧や庶民の上衣として用いられるもので、広袖、身二巾、襟衽がある。

乱れ緒（みだれお）
履物の一種。草鞋の爪先に編み余りの藁を乱れたままにしたもの。

美豆良（みづら）
古墳時代の男子に見られる髪形。髪を頭上で左右に分け、おのおのの側の髪を集めて耳の辺りで結束したもの。下げ美豆良は美豆良の端末を垂れ下げた形で、平安時代にも童子の髪形として用いられている。

三幅前掛（みはばまえかけ）
京都の白川女などの用いるもので、三幅の布を上部で縫い合わせ紐をつけ、下端は開いたままになっている。

む

行縢（むかばき）
旅行、狩猟の時、下半身脚部をつつむ二枚の毛皮。

むしのたれ衣（むしのたれぎぬ）
女子は藤原、鎌倉時代に遠路を行く時、笠の周りに薄い裂を暖簾のごとく垂らした。垂れている衣はからむしという麻製のもの、また、虫除けの意ともいう。

め

綿襖冑（めんおうちゅう）
奈良朝末に出来た唐の制を模倣した甲冑で、布製。中には麻・楮の類を入れ、表には甲板の形の画がかかれている。綿甲冑ともいわれる。

綿冑（めんちゅう）
奈良朝末に出来た鎧。唐の制を模倣した甲。

面帽（めんぼう）
舞楽などの時、面をつける下に頭をかぶる布。

も

裳（も）
腰から下、下半身を一周して覆う布で、衣と裳で正式の服装とされ衣裳（いしょう）といわれる。天皇の袞冕（こんべん）の御服にも僧服の袍裳にも裳がある。また藤原時代以後女子の正装、すなわち女房装束姿の時に袴の上に腰部の後方だけにまとったもの。

裙（も）
奈良時代の女子の服具にもこの名があり、また、法衣の編衫の下衣にも裙（くん）がある。〔裙（くん）の項参照〕

裳着（もぎ）
女性が初めて裳をつけること。成人のしるしとされ、従ってこの事を女性の成人式と見なされた。

裳付衣（もつけごろも）
襴のつけられている衣。素絹とほぼ同形で等身のもの。後には半素絹と同様のものと解されている。

物射沓（ものいぐつ）
武士が騎射の時にはくくつ。

物忌み（ものいみ）
童女が汗衫などをつけた時、物忌みの標として頭髪の一部を丈長などで括りとめること。穢れから遠ざかること、潔斎。また、神事等に奉仕する童男童女をいう。

物具姿（もののぐすがた）
すべての服装を完備してつけた姿。

紋付（もんつき）
紋が要所につけられている小袖形式の衣背紋、三つ紋、五つ紋がある。

や

胡簶（やなぐい）
箭（矢）を盛って負う具。壺胡簶と平胡簶の二種がある。

ゆ

結袈裟（ゆいげさ）
修験者が着ける袈裟で、折り畳んだ形式であるが縫い合わされている。肩から掛け、梵天の房或いは金属製の輪宝がとりつけられている。

韘（ゆがけ）
武装の時につける革の手袋。

ゆだち
肩の袖付けの縫い目をほころばすこと。組紐で結びとめる。

よ

瓔珞（ようらく）
仏像の天蓋、宝冠などに付ける垂れ飾り。

義経袴（よしつねばかま）
普通の袴の裾に括紐を入れたもの。

四幅袴（よのはかま）
四幅の布で作った袴。前後おのおの二幅、長さは膝頭までのもので、小者が着用。袴として最も略された様式。

ら

螺緒（らお）
修験者が法螺貝につける組み紐で、腰から右に走索、左にこの螺緒を吊している。

絡子（らくす）
五條袈裟の一種で、頸から吊す。掛絡（から）ともいう、禅系の宗派に用いられる簡略な袈裟である。

ラッフル
襞飾りのあるヨーロッパ中世風の飾り襟。

襴（らん）
公家の袍や半臂の裾の前後に共裂を横にあてたもの。裳と同義。

り

立鼓（りゅうこ）
鼓の胴のように中のくびれた形。女官の紅の袴の腰(紐)の飾りとして、組紐でつけられている。

裲襠（りょうとう）
貫頭衣形式の衣服。また、近世の打掛を裲襠と書くこともある。

ろ

ローゼルス
明治の洋式の文官大礼服に、袴(こ)の同意としてこれが註記されている。

わ

脇楯の壺板（わいだてのつぼいた）
大鎧の一部で、胴の右脇に当てるもの。

脇引（わきびき）
当世具足の脇の隙間即ち腕の付け根を防護する武具。

わさづの
鹿の角。

忘緒（わすれお）
束帯の服具。半臂の小紐にかけて用いるもの。一巾長さ一丈二尺で、半臂の小紐の結び目が装飾化されたもの。

肩上（わたがみ）
鎧の名所。胴をつけるために左右両肩に当てる所。

綿帽子（わたぼうし）
絹綿で作られた半円形のもので、江戸後期女性が頭髪の上から被ったもの。

藁の輪（わらのわ）
白川女等が頭に箕などをのせる時、その台として頭上に置くもの。

蕨手刀（わらびでのかたな）
柄頭が早蕨に似て屈曲している。茎と身が共作り拵(こしらえ)の刀。

参考文献

『江戸時代人物』東陽堂／『浮世絵大系』集英社／『近世風俗図譜』小学館／『群書類従第18輯　雑部』経済雑誌社／『原色日本の美術』小学館／『高句麗古墳壁画』朝鮮画報社／『小袖模様雛形本集成』学習研究社／『新修有職故実』星野書店／『隋唐の美術』平凡社／『図説日本文化史大系』小学館／『増訂日本服飾史要』星野書店／『太陽正倉院シリーズ』平凡社／『中国敦煌壁画展』毎日新聞社／『中国の博物館』講談社／『日本絵巻物全集』角川書店／『日本原始美術大系』講談社／『日本古寺美術全集』集英社／『日本風俗画大成』中央美術社／『日本風俗図絵』日本風俗図絵刊行会／『日本の美術』至文堂／『日本発見　人物シリーズ』暁教育図書／『日本歴史シリーズ』世界文化社／『服制の研究』古今書院／『壁画古墳　高松塚』奈良県教育委員会／『邪馬台国への道』朝日新聞社

あとがき

　本書の計画は永年にわたることであった。昭和49年風俗博物館設立後、年2回の陳列替えごとに撮影したカラーフィルムがだんだんと増して来たので、これを発表する計画を樹てたが、いざ実際に使用しようとするとフィルムが古くなっていたり、影や異物が写っていたり、又考証の点で検討を要したり、難事の連続であった。

　私の家は江戸中期宝永2年(1705)創業になる法衣を取扱う店で、私で八代になる。其の間丁稚時代奉公先で時代祭、染織祭の諸行事に使われる装束の製作に遭遇したことや、学校時代江馬務先生に教えをうけたことなどが風俗史へ傾倒する端緒となった。其の後、戦時中軍務や軍需工場に携わったが、昭和19年先代の死去により八代を継承、法衣の他、神官装束等も取扱うとともに事業の学問的研究機関として財団法人宗教文化研究所を設立したのであった。よく他の人から私に対し趣味と仕事が合致してよかったと云われたが、私は自分に与えられた天職をつくすす為にすべてを捧げる心で趣味も遊びもこれにむけたのであると云いたい。しかし今日風俗研究は趣味の域を脱して今京都成安女子学園理事長として、又江馬務先生の後を承けて京都女子大学に講座を持ち学究としての専門的立場に拠らなければならない境遇になってしまった。

昭和30年、まだ一般に外遊が認められなかった時、たまたま3ケ月間世界旅行の機を与えられ、英国ロンドンでマダムタッソーの蠟人形館を見た時、その迫真性に心を打たれた。又各国の服飾展示の多くの博物館を見て、日本でも風俗博物館を作ることを発起し、人形はリアル過ぎない京人形に拠ることにした。風俗博物館設立は江馬務先生も吉川観方先生も嘗ては企画され乍らついに実現出来なかったものであった。風俗博物館設立の準備として昭和33年、京都市美術館で行った等身大人形による時代風俗展は1週間に約3万5000人の入館者をよび驚異的な盛況であった。その後、高山義三京都市長や野崎欣一郎滋賀県知事からも設置に対する御誘いがあったが機熟さず昭和49年4月、堀川新花屋町角の井筒南店ビル建設によりその5階に財団法人宗教文化研究所所轄の博物館として設立し、同年5月6日博物館法による認証を京都府教育委員会より得たのであった。これよりさき学芸員としての資格を与えられていたので、私が館長兼学芸員として就任することになった。その間第1回の京都市美術館における発表に内助の力をつくしてくれた先妻美那子をなくし、又風俗博物館建設に労を重ねた後妻令依子も昭和56年急逝し、初版発表の際の三妻照子も昭和62年他界し、更に当館事務局長であった児玉梅次郎も故人となられ思い又一入なるものがある。特に本年は昭和天皇の崩御の年であったが、新しい時代の夜明けは平成元年として生まれた。私も又新しい妻俊子を迎え初版を大増補した改定本が誕生することになった。特に明年平成2年には今上御一代の御盛儀である即位の礼や大嘗祭等も執り行われ、それは古いしきたりの儀式によることと承っている。おのずから有職故実や時代風俗は世の関心をひくこととなるであろう。

この種の書は既に世にありそうでなかったとの事、今後研究される方々の参考になれば幸せであり私にとっても研究の一里塚となったと云える。

末筆ながら御協力をいただいた多くの方々や特に御推薦を頂いた東京の樋口清之先生、丹野郁先生、大阪の鳥越憲三先生、京都の柴田實先生、林屋辰三郎先生に対して厚く御礼を申し上げたい。

平成元年仲秋

井筒雅風

著者紹介

大正6年2月11日　京都に生まれる
株式会社井筒取締役社長
財団法人宗教文化研究所理事長
風俗研究所主幹
風俗博物館館長兼学芸員
日本風俗史学会理事・関西支部長
学校法人京都成安女子学園理事長
京都女子大学講師
文学博士
「原色日本服飾史」により日本風俗史学会第10回江馬賞
平成8年5月20日寂　79歳

著
日本時代風俗写真図録
世界の印象　全16巻
袈裟史
法衣史
原色日本服飾史
カラースライド服飾の流れ
日本女性服飾史
撫腟翳手
その他多数

本書は『原色日本服飾史・増補改訂版』（平成元年、光琳社出版）のうち女性に関する項目を編集しなおしたものである。「序」と「あとがき」は同書に収載している文を一部訂正して掲載した。
本書に掲載した図版は全て風俗博物館より提供された。

風俗博物館所蔵
日本服飾史 女性編
平成二十七年四月二十六日　初版一刷　発行
平成三十年五月二十八日　初版四刷　発行
著　者　井筒雅風
発　行　合田有作
発行所　光村推古書院株式会社
604-8257　京都市中京区堀川通三条下ル　橋浦町217-2
PHONE075-251-2888　FAX075-251-2881
印　刷　ニューカラー写真印刷株式会社

編　集　落里美（宗教文化研究所）
兵庫幹子（宗教文化研究所）
北窪亜衣子（宗教文化研究所）
デザイン　辻恵里子（ニューカラー写真印刷）
進　行　山本哲弘（ニューカラー写真印刷）
制　作　浅野泰弘（光村推古書院）

ISBN978-4-8381-0524-3